Dead Theology Society

장신대 죽은 신학의 사회

장신대
죽은 신학의 사회

지 은 이 황규학
초판 발행 2021년 7월 1일

펴 낸 곳 에셀나무
디 자 인 에셀나무
등 록 제 2020-000064호
주 소 서울 송파구 양산로8길 4, A상가 207호
전 화 02-423-4131 / 010-6642-4131
팩 스 02-423-4138
ISBN 979-11-970460-4-9
한 권 값 15,000원

Dead Theology Society

장신대 죽은 신학의 사회

황규학 저

에셀나무

서문

1989년에 개봉을 한 '죽은 시인의 사회' 는 그 당시 상당히 호평을 받은 영화였다. 전통, 명예, 규율, 최고를 4대 원칙으로 한 학교의 목표는 학생들이 아이비리그에 들어가는 것이었다.

이러한 보수적인 남자 학교에 새로운 국어 선생님 키팅이 부임해오면서 학생들은 새로운 세계에 눈을 뜬다. 키딩은 수업을 진행하면서, 학생들에게 '인생을 특별하게 만들라' 는 정신을 불어 넣어준다.

키딩은 어느 날 전통적인 방법으로 '시의 이해' 라는 내용에 대해서 강의하면서 갑자기 교과서의 페이지를 하나씩 찢어버리라고 말을 한다. 그는 '카르페 디엠' (Carpe diem)을 외친다. '현재를 잡으라' 는 것이다.

카르페 디엠(Carpe diem)은 호라티우스의 라틴어 시 한 구절로부터 유래한 말이다. 이 명언은 번역된 구절인 '현재를 잡아라' (Seize the day)로도 알려져 있다. 호라티우스의 "현재를 잡아라, 가급적 내일이란 말은 최소한만 믿어라"(Carpe diem, quam minimum credula postero)의 부분 구절이다.

키딩선생님은 학생들에게 "과거의 죽은 시인의 사회에 머무르지 말고 미래는 믿지 말고, 네 자신들이 현재의 시인이 되어 산 시인의 사회에서 살라"고 외친다. 과거의 것만 답습하지 말고 스스로 산 시인의 사회에서 창조적인 삶을 살아가라는 것이다.

일부 학생들은 키딩선생님이 '죽은 시인의 사회' 라는 고전문학클럽에서 활동했던 것을 알게 되고 자기들도 학교 근처 동굴에서 선생님처럼 '죽은 시인의 사회' 라는 단체를 만들어 새로운 인생에 눈을 뜨게 된다. 한 학생은 자신의 재능이 연기 활동에 있음을 알게 된다.

이 영화를 보면서 과연 장신대와 직영신학대의 신학이 현재를 즐기는 산 신학인지 과거만 즐기는 죽은 신학인지를 가늠케 한다. 장신대의 전통은 개혁 신학을 기초로 한 '경건과 학문' 을 중시한다. 그러나 일부 교수들은 로마로 가고 있거나 과거의 개혁신학자들의 신학에만 머물고 있다. 아니면 희망의 신학이라는 미래가 불투명한 신학을 하고 있다. 장신대는 현재의 신학이 아니라 과거의 신학과 불확실한 미래의 신학을 붙잡고 있다.

교수들은 현 상황을 무시한 채 재해석되지 않은 과거의 개혁신학만을 노래했고, 일부 교수들은 과거의 개혁신학을 떠난 중세 카톨릭 신학이나 현대의 세속신학을 즐겼다. 경건은 중세 카톨릭의 경건이고 학문은 개혁신학을 벗어난 세속주의 학문이었다. 그야말로 장신대와 직영신학대학교는 죽은 신학의 사회에 살고 있는 것이다.

총신대학은 칼빈과 박형룡 신학에 머물러 역시 현재와 대화하지 않는 죽은 신학의 사회에 살고 있다. 총신대는 그것을 개혁신학이라고 붙잡고 있고, 장신대는 바르트와 몰트만에 머물러 그것을 개혁신학의 연속이라고 주장하고 있다.

현재를 즐기는 우리의 시대를 반영하는 개혁적 상황 신학이 없다는 것이 우리의 불행이다. 기독교가 이 땅에 들어온 지 130년이 되었어도 여전히 서구신학자들의 신학 테두리에서 벗어나지 못하고 있다.

장신이나 총신은 과거만 즐기다 보니 우리 시대에 맞는 개혁적 상황 신학을 만들어 내는데 실패했다. 과거의 박형룡, 칼빈, 바르트, 몰트만의 신학에서 한걸음도 나아가지 못하고 있다. 불행하게도 현재를 즐길만한 신학이 부재하다 보니 진화론 신학, 과정 신학, 정치 신학, 카톨릭 신학, 동양 철학적 신학, 통일교적 신학, 한의 신학, 민중 신학, 근본주의 신학, 페미니즘 신학, 희망의 신학을 대안 신학으로 하여 박사학위를 받거나 논문을 썼다. 개혁신학은 온데간데없이 사라졌다.

과거도 즐기지 못하고 현재도 즐기지 못하는 신학의 부재이다. 과거와의 연속 선상에서 현재를 즐길만한 우리 시대의 상황을 반영하는 개혁적 창조신학이 없다. 역사는 과거와 현재와의 끊임없는 대화인데 신학은 과거와 현재와의 대화를 하지 않고 과거의 것만 끊임없이 읊고 있다.

그러므로 우리는 과거만 붙잡고 있는 죽은 신학의 사회에 살고 있다고 해도 과언이 아니다. 그래서 이 책을 통해 장신대 교수와 직영신학대교수들의 논문을 토대로 통합교단 장신대와 직영신학대학교의 일부 교수들이 점점 비성서적, 비개혁적, 비장로교회적으로 가고 있는 죽은 신학의 사회에 살고 있다는 것을 보여주고자 한다.

차례

제1장

대한예수교장로회
신앙고백과
장신대의 설립목적

01
교단의 신앙고백

대한예수교장로회 신앙고백은 몰트만이나 바르트, 카톨릭 전통에 입각한 신앙고백서가 아니라 웨스트민스터와 에큐메니칼 공의회 신조, 개혁신학을 토대로 하여 현 교단 상황에 맞게 만들어진 신앙고백이다. 예장통합 교단의 모든 목회자들이나 학자들, 장신대 교수들의 글은 교단의 신앙고백서 안에서 학문의 자유를 얻어야 한다. 교단의 신앙고백서는 '교회의 건전한 발전은 신앙고백의 정착에서 시작된다' 라고 정의한다.

> "교회의 건전한 발전은 신앙고백의 정착에서 시작된다. 현재 우리 한국교회는 시대적인 여러 과제들을 안고 있다. 그러나 우리들의 첫째 과제는 우리가 믿는 신앙 내용을 보다 명백하게 정리하고 이를 정착시키는 일이며, 그렇게 함으로써 모든 시대적 과제들을 보다 신속하게 그리고 복음적으로 해결할 수 있을 것이다."

교단의 신앙고백은 사도시대로부터 전승된 신앙고백을 토대로 하고, 그 신앙고백을 통하여 모든 시대적 과제들을 보다 신속하게 그리고 복음적으로 해결할 수 있다고 한다. 성경은 신앙과 행위에 관한 가장 정확한 표준이므로 그것에 관련된 모든 것은 성경에 의해서 판단 받아야 한다고 언급하며 성경의 내용을 중시한다. 그러나 불행하게도 최근 학자들의 논문은 개혁신학과 성경을 떠나 있다.

신론, 기독론, 삼위일체론, 창조론 등은 사도의 전승과 개혁신학, 성경의 내용 안에서 주장되고 있다. 그러나 현재 장신대와 일부 직영신학대학교 교수들의 글은 개혁신학과 성서를 벗어나고 있다. 교수들의 논문에 대한 제어장치가 없다 보니 위탁신학교의 한계를 넘어서 세속대학의 영역에까지 이미 들어서 있고, 종교 다원주의로 가는 경향이 있다. 유신론적 진화론, 페미니즘, 노자와 장자의 사상, 한의 사상, 통일교 옹호 사상, 카톨릭 사상은 좋은 예이다.

이러한 신학은 성서를 이미 초월하였고 개혁신학의 범위, 교단의 신앙고백 기준을 벗어났다. 그러므로 장신대 교수들과 직영신학대 교수들은 교단 신앙고백서를 다시 한번 음미해 볼 필요성이 있다. 교수들의 학문은 교단의 신앙고백 안에서 자유를 가져야 한다. 그러나 현재 장신대교수들의 문제점은 학문의 자유를 빌미로 교단의 신앙고백과 너무 괴리감이 있는 것이다. 총회가 개혁교회의 신조와 웨스트민스터 신앙고백을 본떠서 만든 교단의 신앙고백서를 보자.

제5부 대한예수교장로회 신앙고백서

제00장 [서문]

1. 우리는 성삼위일체 하나님의 성호를 찬미하며, 그 신비하신 섭리와 은총에 감사를 드린다. 우리 주 예수 그리스도의 복음이 우리 한국에 전해진 지 100년이 되었

다. 그간 우리 교회는 사도시대로부터 전승된 신앙을 토대로 하고, 겨레의 영광과 고난을 함께 나누면서 꾸준히 성장을 거듭하여, 오늘날 안으로는 민족 사회 속에서 무게 있는 위치를 차지하고, 밖으로는 세계의 교회가 주목하는 교회로 성장하게 되었다. 돌이켜보면, 우리 교회는 수난의 민족사 속에서 수난의 길을 걸어왔다.

한국교회의 초창기는 우리 민족의 국권이 열강에 의해 침해를 당하고 있을 때였다. 계속하여 일제의 군국 정치, 조국 광복에 이은 남북분단과 한국전쟁 등 격동의 연속 속에서 우리 교회는 때로는 신앙의 자유를 속박당했고, 때로는 정면적인 탄압을 받아 수많은 순교자를 내기도 하였다. 그러나 우리 한국교회는 불타는 떨기나무처럼 환난 중에서 오히려 빛난 성장에 속도를 더해 왔다.

그간 우리 교회는 초대교회 때부터 모든 교회가 공통적으로 사용하고 있는 사도신조와 종교개혁의 근본 신앙을 담고 있는 웨스트민스터 신앙고백서와 요리문답서와 12신조 등을 채택하여 신앙의 표준으로 삼아 왔다. 그러나 오늘날 우리 한국교회는 그 외형적 성장 이면에 여러 가지 문제들을 또한 가지고 있다.

그 문제들을 해결함으로 우리 교회가 더 든든한 기반 위에서 계속적인 성장을 기하게 하는 것이 이 시점에 선 우리들의 사명일 것이다.

교회의 건전한 발전은 신앙고백의 정착에서 시작된다. 현재 우리 한국교회는 시대적인 여러 과제들을 안고 있다. 그러나 우리들의 첫째 과제는 우리가 믿는 신앙 내용을 보다 명백하게 정리하고 이를 정착시키는 일이며, 그렇게 함으로써 모든 시대적 과제들을 보다 신속하게 그리고 복음적으로 해결할 수 있을 것이다. 이와 같은 사정에서 우리 교회가 100주년을 맞는 이 역사적인 시점에 그간 우리 교회가 지켜 온 신조들과 총회가 채택한 신앙지침서 등을 골격으로 한 우리의 신앙내용을 우리 교회의 오늘의 말로 정리하여, 보다 조직적으로 제시함으로써 우리의 신앙과 신학을 통일하고, 보다 조화된 신앙공동체로서 계속적인 전진을 촉진하고자 한다.

우리 한국교회는 그 초창기부터 복음을 전하는 교회로 성장하여 왔다. 그리고 현재도 민족복음화는 한국의 모든 교회의 공동목표가 되고 있다. 교회가 그 시대와 지역을 따라 복음 선교를 위주로 하는 것은 한국교회의 전통이기도 하다. 그러므로 우리 대한예수교장로회 총회는 지난날 우리의 복음 선교에 풍성한 결실로 응답하신 하나님의 은총에 감사하면서, 앞으로 다른 교회들과 대열을 가다듬고 민족복음화라는 시대적 사명을 다하고자 한다.

본 신앙고백서는 이와 같은 우리의 시대적 사명을 명시하고 그 수행을 효과적으로 하기 위하여 엮어진다.

제01장 [성경]

1. 우리는 신구약성경이 하나님의 말씀이며, 종교개혁자들이 내건 "성경만"이라는 기치처럼 우리의 신앙과 행위에 대한 정확무오한 유일의 법칙임을 믿는다. 신비체험이나 기적 등이 신앙에 도움이 될 수는 있으나 그 근거는 될 수 없다. 성경은 신앙과 행위에 관한 가장 정확한 표준이므로 그것에 관련된 모든 것은 성경에 의해서 판단 받아야 한다.

5. 구약성경은 천지창조에서 시작하여 이스라엘 민족의 성공과 실패의 자취를 따르면서 오실 메시아에게 초점을 두고 있다. 즉, 구약성경의 모든 사건은 직접 또는 간접으로 그리스도에 대한 준비와 예언이다. 신약성경은 이미 오신 그리스도의 생애와 가르침과 사도들의 예수 그리스도에 대한 증언과 가르침을 수록한 것으로서, 그리스도에 대한 증언이다. 그러므로 신약은 구약의 배경에서 이해되어야 한다. 따라서 구약을 떠나 신약을 바로 이해할 수 없고, 신약을 떠나서는 구약의 참뜻을 이해할 수가 없게 된다.

6. 성경의 이해와 해석과 응용은 각각 구분되어야 한다. 성경의 해석이란 본문의 원뜻을 밝히는 것으로 그 기록의 배경을 상고하고 그 속에서 하나님의 뜻을 밝혀내는 것을 가리킨다. 그리고 성경은 같은 하나님의 영감으로 된 것이므로 전체가 하나님의 말씀이다. 그러므로 성경은 성경으로써 해석하여야 하고, 성경 전체에 흐르고 있는 기본적인 교리를 파악하고, 그 빛 아래서 부분을 해석하여야 할 것이다. 성경의 응용이란 이해되고 해석된 성경의 가르침을 신자들이 현실생활에서 만나는 여러 가지 문제들을 해결하기 위하여 활용하는 것을 의미한다.

7. 성경의 가르침은 계속해서 개혁되고 갱신되어야 할 개인과 교회와 사회와 역사의 원리가 된다. 하나님은 성경과 세계 안에서 사역하시는 성령에 의해서 모든 것을 새롭게 만드신다. 그러므로 성경은 모든 개혁운동의 원리인 동시에 원동력이 된다(딤후 3:16-17).

제02장 [하나님]

1. 우리는 스스로 계시며(출 3:14), 사랑이시고(요일 4:16), 홀로 한 분이신(신 6:4, 요 17:3, 고전 8:4) 하나님을 믿는다. 하나님은 전능하시며(출 15:11, 딤전 6:15), 전지하시며(시 139:1-4, 롬 8:29), 편재하시고(시 139:1-10, 행 17:24), 영원하시며(시 90:2, 102:26-27, 계 10:6), 무한히 거룩하시며(사 6:, 계 4:8), 무한히 의로우시며(신 32:4, 행

10:34), 무한히 지혜로우시고(롬 11:33-36, 16:27), 무한히 자비로우시며(출 34:6, 마 5:45), 무한히 선하시며(시 119:68, 눅 18:19), 무한히 자유하시고(시 115:3, 롬 9:14-21), 그리고 광대하시고(시 145:3), 불변하사(약 1:17) 항상 영광 중에 계신다(왕상 8:11, 롬 11:6).

2. 하나님은 본질에 있어서 한 분이시나 삼위로 계신다. 삼위는 성부와 성자와 성령이시다. 삼위는 서로 혼돈되거나 혼합할 수 없고, 완전히 분리할 수도 없다. 삼위는 그 신성과 능력과 존재와 서열과 영광에 있어서 완전히 동등하시다.

성자는 성부에게서 영원히 나시고(요 1:14, 18), 성령은 성부와 성자에게서 나오신다(요 15:26). 사람은 성자를 통하지 않고는 성부에게 갈 수 없고(요 14:6), 성부께서 이끌어 주시지 않으면 성자에게 갈 수 없으며(요 6:44), 또 성령을 통하지 않고는 성자를 주라고 말할 수도 없다(고전 12:3). 성삼위는 모든 사역에서 공동으로 사역하시나, 성부는 주로 계획하시고(마 24:36, 행 1:7), 성자는 계획된 것을 실현시키시며(요 1:18, 19:30), 성령은 모든 은총을 보존하고(엡 1:13) 더하신다.

3. 하나님은 창조하시고 섭리하시고 심판하신다. 하나님의 창조는 태초에 아무것도 없는 데서 보이는 것이나 보이지 않는 모든 것을 창조하셨다(창 1:1). 창조는 하나님의 신성과 영광을 선포하시기 위한 것이며(시 104:24, 롬 1:20), 하나님은 지으

신 만물을 보시고 선하다 하시며 기뻐하셨다(창 1:4, 31, 딤전 4:4). 하나님은 모든 피조물을 지으신 후에 하나님의 형상을 따라 사람을 창조하셔서 다른 피조물들을 주관하게 하셨다(창 1:26~27, 시 8:6).

제03장 [예수 그리스도]

1. 우리는 예수 그리스도가 하나님의 아들로서 사람이 되셨다는 것과(요 1:14) 그가 하나님이시요, 또한 사람이시며, 하나님과 사람 사이의 유일의 중보자가 되신 것을 믿는다(엡 2:13~16, 딤전 2"5). 그는 성령으로 잉태하사 동정녀 마리아의 몸에서 나시사 완전한 사람이 되어 인류 역사 안에서 생활하셨다(마 1:23). 이와 같은 그리스도의 성육신은 단 한 번으로써 완결된 사건이요, 최대의 기적에 속하는 사건이다(히 9:28).

3. 성육신사건은 낮아지심을 의미하는 것이요, 그의 낮아지심은 십자가의 죽음에서 그 극에 이르렀다(빌 2:6~8). 그는 이와 같은 극단의 낮아지심으로 인한 죽음을 통해 만민의 죄를 대속하셨다(막 10:45). 그것은 구약의 속죄제물의 완성으로서 그 자신이 완전한 제물이 되시고, 또 완전한 대제사장이 되시어, 단번으로 영원하신 속죄제사를 드리셨다(히 7:17, 27). 그리스도의 이와 같은 대속의 죽음은 하나님의 공의에 따라 드린 화목제물이었으며(창 2:17, 히 7:22, 요일 2:2, 사

53:11) 범죄로 인해 멀어졌던 하나님과 인간 사이를 화목케 하셨다(고후 5:18~19, 엡 2:13~18).

4. 십자가에서 죽으신 그리스도는 사흘 만에 부활하심으로써 다시 높아지셨다(빌 2:9~11). 그의 죽음이 우리 죄의 대속인 것처럼, 그의 부활은 우리의 새로운 삶의 시작이 되신 것이다(고전 15:20). 부활하신 그리스도는 승천하사 하나님 보좌 우편에서 우리를 위해 계속 기도하시며(히 7:25, 9:24), 만물 위의 모든 권세를 잡으시고 왕권을 행사하심으로(마 28:18, 엡 1:21, 계 11:15) 그를 의지하는 모든 성도를 끝까지 다스리신다.

제05장 [인간]

1. 우리는 인간이 원래 하나님의 형상에 따라 바르게 지음 받았으나(창 1:27) 범죄로 인해 타락하여 죽음과 비참한 상태에 놓이게 되었다가(창 3:16~19) 하나님의 은혜로 구원 받고 하나님의 창조의 본래 목적을 이룩하기 위해 살아가는 존재임을 믿는다.

2. 인간은 하나님의 형상에 따라 지음을 받은 피조자이다. 그는 모든 면에 있어서 유한한 존재이다. 그러나 하나님이 인간에게만 주신 몇 가지 본성이 있다. 거룩함과 의와 선과 영원과 자유가 그것이다. 이러한 본성은 하나님의 은혜의 도움과 빛 안에서만 그 기능을 바르게 발휘할 수 있다. 또한 하나님으로부터 받은 이성과 감성과 의지력을 통하여 자기의 죄적인 상태를 벗어나 하나님의 뜻에 따라 그의 자녀가 되려고 하는 삶을 영위하는 존재이다.

3. 사람은 일남일녀로 창조되어 그들의 결합에 의하여 한 가정을 구성한다(창 2:21~25). 사람은 남녀의 바른 결합에서 그 능력을 발휘하고, 생을 즐겁게 살 수 있으며, 하나님께 영광을 돌릴 수 있다. 그러나 성이 가정을 떠나 오용될 때에는 불행을 초래하게 된다. 그러므로 그리스도인은 신앙으로 순결을 지키고 특권을 누려야 하며, 인위적인 이혼은 금지되어야 한다(마 19:6).

4. 인간의 조상이 하나님께 불순종하여 금지된 열매를 먹고 타락하였고(창 3:6), 그 결과 그의 후손은 처음부터 원죄를 가지게 되며(롬 5:12, 엡 2:1~3), 거기에서 모든 범죄가 나타나 인간을 부패케 한다. 이러한 타락 상태에서 인간은 하나님과의 교제를 잃어버리고, 개인적이며 사회적 또는 국가적인 혼란과 불행을 끊임없이 당하게 된다.

5. 이러한 상태에 빠져있는 인간을 하나님은 그의 은혜로 그리스도를 믿고 의지하게 함으로 의로움과 거룩함을 얻으며, 창조 때의 원상태를 회복하고, 나아가 완전한 구원에 이르게 한다. 구원받은 인간은 그리스도 안에서 새로운 피조물이 되고(고후 5:17), 인종과 계급, 그리고 남녀의 구별 없이 동등한 특권을 누린다(갈 3:27~28). 그러므로 모든 사람의 인권은 하나님이 주신 은사이다. 따라서 우리는 인권수호에 깊은 관심을 가지며(롬 8:31~34), 인간의 존엄성을 지키는 데 힘써야 한다

제06장 [구원]

1. 우리는 인간의 범죄로 인해 하나님과 격리되고 그 결과, 인간 사이에도 부조화와 온갖 불행의 상태에 놓여졌으나 하나님의 은혜로 인하여 믿음으로 구원받아(엡 2:8), 다시 하나님과 화목하여 자녀가 되고, 구원의 축복을 누리다가 세상의 종말에 부활함으로 우리의 구원이 완성될 것을 믿는다.

2. 인간의 구원은 하나님의 섭리에 따르는 은혜로서 이루어진다(창 15:6, 합 2:4,

롬 3:24, 6:23). 구약시대에 있어서의 인간은 하나님의 율법을 지키도록 명령을 받았으나 그 명령을 지키지 못했으므로 율법의 저주 아래 있게 되었다(창 2:16~17, 호 6:5, 갈 3:10). 때가 차매 그리스도가 오셔서 십자가를 통하여 율법의 권세를 소멸하고 하나님과 화목케 함으로써 구원의 길을 열어 주셨다. 그러므로 누구든지 그의 십자가의 공로를 믿으면 의롭게 되는 동시에 구원을 얻게 된다(요 3:16, 롬 3:23~24, 5:8).

6. 믿음으로 구원을 받은 그리스도인은 완전히 의롭게 되거나 성화가 되지는 못하나 하나님의 자녀에 합당한 생활을 해야 한다. 이러한 성화의 생활은 죽을 때까지 계속되어야 한다(빌 3:2). 그러므로 누구든지 지상생활에서 완전한 성화의 단계에 도달했다고 하거나 완전한 의인이 되었다고 해서는 안 된다. (롬 3:10, 시 14:1~4, 53:1~3). 그리스도인이라 해도 지상에서 사는 동안에는 계속해서 하나님의 은총과 도움이 필요하다(고전 12:31).

7. 그리스도인은 예수 그리스도의 생활과 교훈에 따라 사랑과 공의와 거룩한 생활을 해야 한다(요 17 : 17, 살전 5 : 23). 남을 이용하고 남으로부터 빼앗으려는 것이 아니라 그들을 도와주고 그들에게 봉사하는 사랑의 생활을 계속해야 한다. 또한 하나님은 공의로우신 분이며 그의 공의를 보여 주셨으므로 그리스도인은 하나님의

공의가 개인과 사회와 국가의 기초가 되도록 노력해야 한다. 세상의 모든 죄와 부정은 하나님의 공의에 대립되는 것이다. 그러므로 그리스도인은 하나님과 같이 거룩한 자가 되도록 노력해야 한다(벧전 1:16).

제07장 [교회]

1. 우리는 교회가 시대와 지역과 종족과 인간의 계급을 초월한 그리스도의 몸임을 믿는다(엡 1 : 23, 4 : 16). 그리스도인들은 한곳에 모여 하나님께 감사하는 마음으로 찬송과 기도를 드리며, 세우심을 받은 자들로부터 하나님의 말씀을 듣고, 주님의 몸에 접붙임을 받기 위하여 세례를 받고, 주님의 구속적 사역인 십자가의 사건을 기억하고, 영적으로 그 사건에 동참하기 위하여 성만찬식에 참여한다. 이러한 예식을 통하여 그리스도인들은 성도의 교제를 증진한다.

그러므로 장신대는 개혁신학의 전통을 따르고 있는 교단의 신앙고백안에서 학문적 활동을 해야 한다.

02
장신대의 설립목적

장신대 설립이념은 "본 대학교는 대한민국의 교육이념에 입각하여 대한예수교장로회 총회 직할하에서 성경적 신학에 기초하고 장로회신조와 헌법에 기준하여 교회의 지도자와 교역자 양성을 위한 고등교육을 실시함을 목적으로 한다"이다.

장로회 신학대학교 교육목표는 "본교의 교육이념인 '예수 그리스도의 복음전파와 하나님 나라의 구현은 하나님 나라의 시민 육성과 교회, 사회, 국가에 봉사할 교역자 양성' 이라는 교육목적으로 구체화하는데, 이를 달성하기 위한 본교의 교육목표는 '경건의 훈련', '학문의 연마', '복음의 실천' 으로 진술된다"이다.

교　　표

1. 중심에 있는 등잔은 진리의 빛을 상징
2. 두 원은 한국과 세계를 상징
3. SOLI DEO GLORIA(오직 하나님께 영광)는 칼빈 사상의 핵심을 의미
4. 등잔밑의 1901은 본 대학교의 설립연도
5. 청색은 본 대학교의 무궁한 발전과 젊은 기상을 의미
6. PIETAS ET SCIENTIA(경건과 학문)는 본 대학교의 학훈을 표시

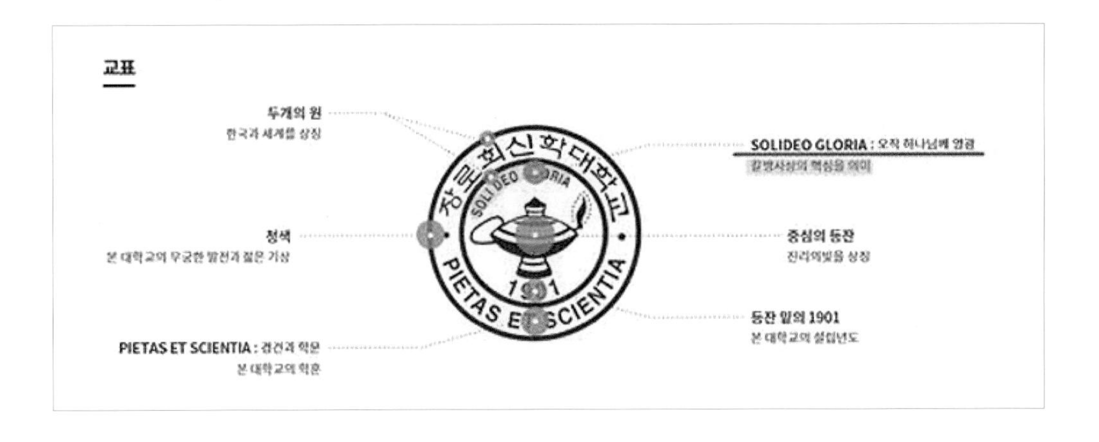

■ 교육목표

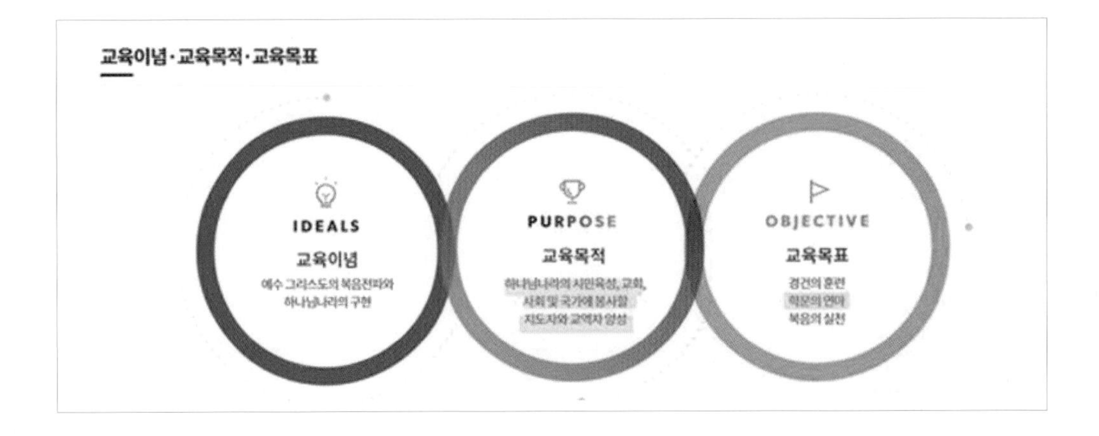

3. 장로회신학대학교 교육목표

본교의 교육이념인 "예수 그리스도의 복음전파와 하나님 나라의 구현"은 "하나님 나라의 시민 육성과, 교회, 사회, 국가에 봉사할 교역자 양성"이라는 교육목적으로 구체화되는데, 이를 달성하기 위한 본교의 교육목표는 "경건의 훈련", "학문의 연마", "복음의 실천"으로 진술된다. 이 세 가지의 교육목표는 외형상으로는 분리되어 있지만 실제적으로는 유기적으로 상호 연결되어 있는 신학교육의 삼중적 측면이다. 본교는 이러한 삼중적 교육목표를 추구함으로 경건하고 학문이 깊고 복음을 실천할 수 있는 교역자를 길러내는 것이 교육의 목표이다.

■ **교육목적**

장신대 교육목적은 "본교는 교회와 하나님 나라에 봉사할 교역자 양성에 힘과 정성을 쏟는다. 본교는 대한예수교장로회 총회직영신학교육기관으로서 교단이 요청하는 목회자, 학자, 선교사, 기독교교육 지도자, 교회음악 지도자 등 교역자를 양성하는데 일차적인 교육목적을 두고 있다. 이에 따라 본교는 각 과정별로 교역자가 갖추어야 할 전문성을 최대한 제고하여 그들로 하여금 교역의 현장에서 효율적으로 예수 그리스도의 복음을 전파하고 하나님 나라를 구현할 수 있도록 훈련 및 준비시킬 사명이 있다"이다.

이러한 교역의 다양한 현장을 깊이 고려하면서, 본교는 교회와 하나님 나라에 봉사할 교역자양성에 힘과 정성을 쏟는다. 본교는 대한예수교장로회 총회직영 신학교육기관으로서 교단이 요청하는 목회자, 학자, 선교사, 기독교교육 지도자, 교회음악 지도자 등 교역자를 양성하는 데 일차적인 교육목적을 두고 있다. 이에 따라 본교는 각 과정별로 교역자가 갖추어야 할 전문성을 최대한 제고하여 그들로 하여금 교역의 현장에서 효율적으로 예수 그리스도의 복음을 전파하고 하나님 나라를 구현할 수 있도록 훈련 및 준비시킬 사명이 있다.

이와같이 장신대는 교단의 위탁 교육기관으로서 교수가 아니라 교단이 요구하는 교역자를 양성하는 것이 일차적인 목적이다. 그러기 위해서는 교단이 표방하는 신앙고백에 우선해야 한다.

1) 학문의 연마

장신대에서의 학문의 연마는 '예수그리스도의 복음전파와 하나님 나라 구현'이라는 교육이념과 '하나님 나라의 시민육성과 교회, 사회, 국가에 봉사할 교역자 양성'이 교육의 목적이다. 이러한 학문의 연마는 개혁신학의 전통 안에서 이루어진다고 되어 있다.

"개혁신학의 전통에 서 있는 본교에서의 '학문의 연마' 는 성경에 기초하여 하나님 나라의 복음, 교부들의 신앙 규범, 고대 에큐메니칼 신조와 개혁교회 등의 신학적 자료들을 깊이 있게 탐구함을 지향한다"고 되어 있다.

● **학문의 연마**

본교는 "예수 그리스도의 복음전파와 하나님 나라 구현"이라는 교육이념과 "하나님 나라의 시민 육성과 교회, 사회, 국가에 봉사할 교역자 양성"이라는 교육목적의 달성을 위하여 '학문의 연마' 를 두 번째 교육목표로 설정하였다. 그것은 '학문의 연마' 가 예수 그리스도의 복음전파와 하나님 나라 구현에 필수적인 요소라는 신학교육적 확신에서 비롯된 것이다. 본교에서 실시하는 모든 교육의 과정들은 각각의 영역들에서 하나님 나라의 복음을 발견하고 해명하며, 그것을 직, 간접적으로 구현할 수 있는 가능성들을 연구하며 교수하는 것으로 구성되고 전개되어야 한다. 본교의 다양한 전공분야들은 각자의 학문적 독특성을 유지, 발전시키면서도 교육이념과 목적을 초점으로 통일된 방향성을 지향하여야 한다. 그러므로 교육과정은 개교과목의 관심과 지식을 나열하는 것에서 벗어나 "예수 그리스도의 복음 전파와 하나님 나라구현"을 향한 분명한 목적과 방향성을 중심으로 학문분야간의 지속적인 대화를 통하여 상호보완과 유기적인 연계와 상호 수렴을 지향하여야 한다.

개혁신학의 전통에 서있는 본교에서의 '학문의 연마' 는 성경에 기초하여 하나님 나라의 복음, 교부들의 신앙규범, 고대 에큐메니칼 신조와 개혁교회 등의 신학적 자료들을 깊이 있게 탐구함을 지향한다. 또한 21세기의 변화하는 상황 속에서 "예수 그리스도의 복음 전파와 하나님 나라 구현"이라는 교육이념을 구체적으로 실천하기 위하여 요청되는 하나님 나라에 대한 해석과 교육도 학문연마의 중요한 부분으로 포함되어야 한다. 즉 본교의 교육과정에 속한 교과목들은 이미 임한 하나님 나라, 현재 진행중인 하나님 나라와 장차 임할 하나님 나라의 비전을 가지고 각 영역의 독특한 관점에서 '하나님 나라' 에 대한 학문적 분석과 해석과 함께 실천적 과제들을 제시하여야 한다. 본교에서의 '학문의 연마' 는 이 사회와 국가와 역사와, 문화의 정황을 바르게 보고 해석하는 안목을 형성하고, 한국과 아시아와 세계가 직면한 문제들에 관심을 갖는 동시에 미래지향적인 복음전파와 사회봉사, 창조세계에 대한 책임수행 등을 통하여 하나님 나라 구현의 길을 탐구하고 모색하여야 한다.

본교에서의 '학문의 연마' 는 "예수 그리스도의 복음 전파와 하나님 나라 구현"되는 다양한 장들과 역사적 맥락들을 바르게 이해하기 위하여 인문과학, 사회과학과 자연과학 등과의 학제간의 연구를 폭넓게. 그러나 비판적인 안목으로. 수용하여 전개시켜 나아가야 한다. 또한 본교

이와 같이 장신대는 카톨릭이나 비성경적 세계관에 기초하는 것이 아니라 개혁신학의 전통에 기초해야 한다. 장신대는 "본교의 교육목표로서의 '복음의 실천' 이 이루어질 영역은 '온 우주는 하나님의 펼쳐질 무대이다' 라는 깔뱅의 고백과 같이 전 우주를 포함한다" 고 하여 몰트만이 아니라 깔뱅의 고백을 중시한다.

예장통합 교단의 정체성은 개혁신학이다. 그러므로 장신대는 예장통합 교단의 위탁 교육기관이기 때문에 교단의 신앙고백 안에서 정체성의 역할을 해야 한다.

2) 복음의 실천

● 복음의 실천

본교가 추구하는 또 하나의 교육목표는 '복음의 실천' 이다. 예수 그리스도께서 선포하신 하나님 나라의 복음을 실천하는 것은 '경건의 훈련', '학문의 연마' 와 나란히 본 신학교육의 삼중적 목표에 속한다. '복음의 실천' 에 있어서 첫번째 차원은 예수그리스도의 복음을 믿지 않는 세계에 전하는 것이다. 이 하나님 나라 복음을 전함에 있어서 예수 그리스도를 알게 하고 그를 생명의 구주로 영접하게 하는 것은 대단히 중요하다. 왜냐하면 영생은 "유일하신 참 하나님과 그의 보내신 자 예수 그리스도를 아는 것"(요 17:3)이기 때문이다. 그런 까닭에 "민족 복음화와 세계 선교"는 본교의 대단히 중요한 교육목표이다. 그리고 이 교육목표의 달성은 세계를 위한 본교의 귀중한 헌신이 될 것이고, 본교는 만민의 생명을 살리는 하나님의 사역에 동참하는 영광을 안게 될 것이다.

본교의 교육목표인 '복음의 실천' 에 있어서 또 하나의 중요한 차원은 예수 그리스도께서 선포하신 하나님 나라의 복음으로 세계를 섬기는 일이다. '예수 그리스도께서 선포하신 하나님 나라의 복음으로 세계를 섬긴다' 는 말의 뜻은 하나님의 통치가 세계의 모든 영역에서 구현되도록 노력한다는 의미이다. 하나님 나라의 복음은 이미 시작되었으나 아직 완성되지 않은 종말론적 시간 속에서 살아가는 모든 그리스도인들로 하여금 그 나라의 확장과 완성에 동참할 것을 요청한다. 따라서 "예수 그리스도의 복음전파와 하나님 나라 구현"을 그 존립의 근거로 하는 신학교육은 단순한 지적 활동이나 개인적 차원의 영성만을 추구하는 것으로 완성될 수 없다. 그보다는 예수께서 성취하신 하나님 나라 복음을 구체적인 삶의 영역, 즉 가정과 학교, 그리고 사회와 국가에서 또한 정치와 경제, 사회와 문화, 교육과 예술 등의 영역에서 실천함으로써 하나님 나라의 확장에 참여함이 본교의 교육목표이다.

본교의 교육목표로서의 '복음의 실천' 이 이루어질 영역은 '온 우주는 하나님의 영광이 펼쳐 진 무대이다' 라는 깔뱅의 고백과 같이 전우주를 포함한다.

03
2015년 장로회신학대학교 신학성명

장신대 교수들은 1985년부터 지금까지 개혁교회의 전통에 입각하여 꾸준히 성명서를 발표해 왔다.

2015 신학성명

올해 2015년은 한국이 일제의 식민지배로부터 해방된 '광복 70주년' 이자 민족의 '분단 70주년' 이 되는 해이다. 국내적으로 민족의 평화통일이 절실히 요청되고, 국제적으로는 한반도의 운명에 영향을 끼쳐 온 강대국들의 움직임으로 인해 긴장이 고조되고 있다.

이에 장로회신학대학교 교수 일동은 역사를 주관하시는 하나님의 섭리를 성찰하는 가운데, 시대 상황에 대응하는 신학의 좌표를 설정하고자 한다. 우리는 오늘의 아시아-태평양 시대에 한국교회의 시대적 과제가 세계 교회를 섬기는데 있음을 분명히 인식한다.

우리는 장로회신학대학교가 개혁교회의 전통인 성경적 · 복음적 신학에 기반한 에큐메니컬 신학을 지향해 왔음을 확인하면서, '1985년 장로회신학대학 신학성명'과 '2002년 장로회신학대학교 신학교육성명'을 발전적으로 계승하여 '2015년 장로회신학대학교 신학성명'을 발표하고자 한다. 이를 통하여 우리는 본교의 신학 정체성을 확립하고 또한 지금의 사회 · 정치 · 경제 · 문화적 상황에 응답하는 본교의 신학입장과 행동강령을 천명하고자 한다.

제1명제 : 우리의 신학은 삼위일체 하나님의 말씀인 성경이 증언하는 예수 그리스도의 하나님 나라 복음에 기초한다.

신구약 성경은 하나님의 말씀으로서 기독교 신학과 실천의 원천이며, 모든 시대와 상황에서 신학과 실천을 위한 원자료이자 규범이다. 하나님의 말씀인 성경은, 살아계신 말씀인 예수 그리스도를 증언하며 궁극적으로 삼위일체 하나님을 계시한다. 성경에서 우리는 아버지 하나님을 창조주로, 아들 하나님을 구속주로, 성령 하나님을 종말론적 완성을 가져오시는 능력의 주로 인식한다. 세계의 모든 역사는 이 삼위일체 하나님의 경륜 안에서 종말론적 미래를 향해 나아간다.

신구약 성경의 중심 내용은 삼위일체 하나님의 창조와 구원의 역사이며, 특히 신약성경의 핵심 주제는 예수 그리스도가 선포하고 실천한 하나님 나라의 복음(막 1:15, 눅 16:16)이다. 성경은 예수 그리스도와 하나님 나라의 복음에 대한 초기 교회의 신앙고백과 실천적 응답을 포함하고 있다. 우리는 이와 같은 응답을 오늘의 상황 속에서 새롭게 이해하고 구현하는 신학과 실천을 추구하고자 한다. 우리의 신학과 실천의 중심 주제는 하나님 나라의 복음이다. 하나님 나라의 복음으로 인하여 예수 그리스도를 믿는 모든 자는 죄 용서를 받고 하나님의 자녀가 된다.

우리는 개혁신학 전통을 따라, 오직 은혜로, 오직 믿음으로 칭의에 이르며 성화의 삶을 살게 됨을 믿는다. 하나님 나라는 하나님이 다스리시는 나라요 그의 백성의 공동체이다. 하나님이 만유의 주, 만왕의 왕이시므로, 그 다스림의 범위는 교회뿐만 아니라 온 세상을 포함한다. 우리는 예수 그리스도의 삶과 십자가와 부활 그리고 성령의 능력 안에서 이 세상에 이미 도래한 하나님 나라를 맛보며, 장차 완성될 정의와 평화와 사랑의 나라를 바라보면서, 그 나라의 복음을 전파하며, 그 나라의 실현을 위하여 헌신한다. 이러한 의미에서 우리는 본교의 교육이념인 "예수 그리스도의 복음 전파와 하나님 나라의 구현"을 목적으로 하는 통전적(온) 신학을 추구한다.

제2명제 : 우리의 신학은 하나님의 평화를 이루는 민족의 화해와 한반도 통일과 세계 평화를 추구한다.

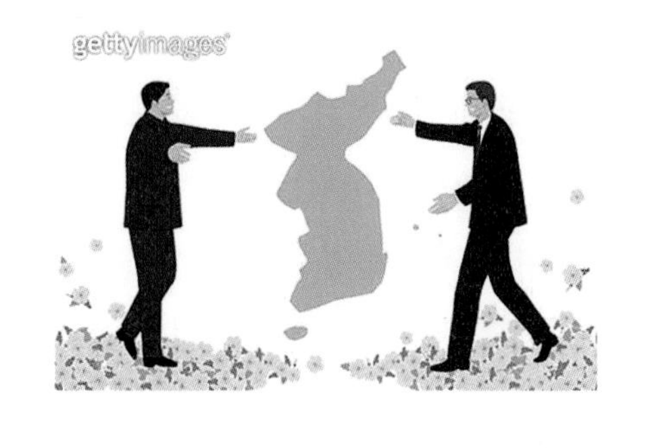

우리 민족은 1945년 광복 직후 분단되었고, 6.25전쟁을 겪으며 분단이 고착되었다. 약 70년 동안 남북한은 군사적으로 대치하면서 체제경쟁을 벌여왔고, 최근에는 북한의 미사일 및 핵개발로 인해 한반도의 위기상황이 지속 · 심화되고 있다. 남한과 북한이 각기 다른 체제를 구축한 결과, 민족의 동질성이 위협받고 있다. 또한 자국의 이익을 추구하는 주변 강대국들의 한반도 정책은 동북아시아의 평화와 안전을 위협하고 있다.

이러한 상황 속에서 광복 70주년을 맞이하는 우리에게 주어진 우선적인 과제는, 남북한의 갈등을 해결하고 민족화해를 실현하고 민족의 동질성을 회복하는 일이다. 그러나 우리는 이 과제의 실현에 적극적으로 참여하지 못했다. 하나님 나라의 복음은 평화의 복음이다. 이에 우리는 예수 그리스도가 이루신 화해의 십자가(엡 2:14-16) 앞에서 하나님의 용서를 구하면서, 평화의 원천이신 그리스도를 본받아 화해와 평화의 사역자(마 5:9, 고후 5:18)가 되고자 한다.

우리는 한반도의 비핵화와 동북아시아의 평화 정착을 위해 모든 노력을 다할 것이다. 또한 우리는 이를 실현하기 위한 6자회담 당사국들과, 교착상태에 빠진 남북관계의 개선을 위해 남북한 당국자들에게 진정성 있는 대화와 행동을 촉구한다. 우리는 하나님 나라의 자유 · 정의 · 화해 · 평화가 실현되는 한반도의 통일을 추구하며, 이러한 하나님 나라의 가치가 한반도와 동북아시아를 넘어 전 세계에 확장될 수 있도록 힘쓰고자 한다.

제3명제 : 우리의 신학은 하나님의 정의를 구현하기 위해 사회적 약자와 작은 자를 돌보는 공공성을 추구한다.

신자유주의 경제체제 속에서 사회경제의 양극화는 점점 심화되고 있다. 그 결과, 우리 사회 전 영역에서 사회의 약자가 겪는 고통이 증대되고 있다. 경쟁력이 절대가치가 됨으로써 경쟁에서 뒤쳐진 약자는 비인간적인 삶을 살고 있으며, 가족해체와 자살 등의 비극이 발생하고 있다.

우리 사회는 해결해야 할 산적한 문제들을 안고 있다. 빈익빈 부익부 현상, 부의 편중으로 인한 교육 불평등, 생계형 자영업자들의 파산, 비정규직 문제 등으로 인해 사회갈등이 증대되고 있다. 북한이탈주민, 다문화가정, 외국인 노동자들에 대한 편견과 차별은 사회의 통합을 저해하고 있다. 우리 사회는 인간의 존엄성, 인간다운 삶, 양성평등을 포함한 사회적 기본권을 더 보장할 필요가 있다.

이러한 상황 속에서 우리는 하나님이 사회의 약자와 작은 자의 고통에 우선적으로 응답하시는 주님(마 25:40)임을 고백한다. 하나님 나라는 정의의 나라이다. 우리를 부르시고 의롭게 하신 하나님은 우리로 하여금 불의하고 부패한 사회를 개혁하는 소금과 빛의 역할(마 5:13-16)을 함으로써 하나님의 정의(암 5:24)를 실현하게 하신다. 우리는 사회의 약자와 작은 자를 돌보고 이웃과 더불어 상생하는 하나님 나라의 가치구현을 위해 신학의 공공성을 추구한다.

제4명제 : 우리의 신학은 하나님의 생명 회복과 창조질서를 위하여 피조세계와 생태계의 회복과 보전을 추구한다.

오늘날의 인류는 환경오염과 생태계의 위기에 직면해 있다. 인간의 탐욕과 죄로 말미암아 창조질서가 왜곡되고 자연이 파괴되고 있으며, 모든 피조물이 고통 가운데 탄식하고 있다. 산업화 문명은 지구온난화를 초래하였고 이에 따른 기후변화와 자연재해는 모든 생명체의 생존을 위협하고 있다.

생명을 경시하는 반(反)생명적 문화 속에서 후쿠시마 원전사고와 세월호 참사 등의 사건들이 일어나고 있다. 인간과 모든 피조물은 하나님의 피조공동체이며, 삼위일체 하나님의 형상(imago Dei)을 따라 지음 받은 인간은 피조물을 돌보고 다스리는 청지기로 부름 받았다(창 1:28). 하나님 나라는 생명의 나라이다. 우리는 성육신하신 예수 그리스도의 삶 · 십자가 · 부활 안에서 종말론적인 새 창조와 생명질서가 선취적으로(고후 5:17, 갈 6:15) 도래하였음을 믿는다.

하나님 나라는 인간의 구원 뿐 아니라 창조질서의 회복과 생명 가치의 온전한 구현을 포함한다(사 65:17-25; 겔 36:33-36). 따라서 우리는 생명을 파괴하고 생명가치를 훼손하는 세력에 맞서 싸우고, 생명의 영이 충만한 세계의 실현을 위해 힘쓰고자 한다. 또한 이를 위하여 우리는 생태 정의에 기초한 삶을 추구하며, 땅과 환경을 존중하는 영성을 함양하고자 한다.

제5명제 : 우리의 신학은 하나님의 선교를 지향하는 교회의 연합과 일치를 추구한다.

오늘날 한국교회는 끊임없는 분열과 갈등으로 극심한 혼란과 고통 가운데 있다. 물량적 성장주의, 이기적 개교회주의, 배타적 교파주의, 변칙적 교회세습 등의 문제들로 인해 사회에서 불신과 지탄을 받고 있다. 이와 같은 교회의 모습은 지역 복음화와 세계 선교에 걸림돌이 되고 있다.

교회의 연합과 일치는 하나님의 선교(missio Dei)를 위해 먼저 이루어야 할 과제이다. '하나의 거룩하고 보편적이며 사도적인' 교회는 성령의 능력 안에서 세상의 모든 성도가 교제하는 가운데 연합하는 우주적 신앙공동체(엡 1:23)이며 하나님의 선교에 동참하는 선교 공동체이다(고전 12:12). 우리는 개인전도, 삶으로 복음증언, 사회적 책임을 포함한 하나님의 선교를 지향한다.

따라서 우리는 과거와 현재를 반성하면서 갱신과 개혁을 통한 교회의 연합과 일치를 이루는데 힘쓰고자 한다. 더 나아가 우리는 세계 교회에 대한 한국교회의 사명을 자각하고 세계 교회의 연합과 일치를 위한 운동에도 적극적으로 참여하고자 한다. 이를 통해 우리는 세상을 향한 하나님의 사랑을 선포하고, 온전한 복음을 구현하는 하나님의 선교가 이루어질 수 있도록 우리의 사명을 다하고자 한다(사 61:1~3; 행 1:8).

제6명제 : 우리의 신학은 한국교회의 위기에 적극 대처하고 그 위기를 극복하기 위한 교육에 힘쓴다.

오늘날 한국교회는 총체적인 위기에 직면해 있다. 한국교회는 성장이 정체되고 있으며 목회자의 도덕적 해이와 교회의 대 사회적 영향력 감소로 인하여 양적, 질적인 어려움에 처해 있다. 더욱이 한국교회의 다음 세대 신앙 계승의 위기는 한국교회의 미래 전망마저 어둡게 하고 있다. 우리의 신학은 교회의 신학임과 동시에 교회를 위한 신학임을 확인한다(골 1:25).

먼저 현재 한국교회의 위기는 목회자 양성을 담당하는 신학교 및 신학교 교수에게도 책임이 있음을 인정하고(약 3:1) 애통하는 마음으로 회개한다. 그리고 신학교가 이 위기에 수동적이고 소극적인 자세를 탈피하여 적극적으로 대처하고, 위기극복을 위한 신학교육에 매진할 것을 천명한다. 우리는 영성, 인성, 지성, 목회적 역량을 갖춘 목회자와 교회지도자를 양성하여 한국교회의 위기를 타개할 수 있는 신학교육에 힘쓰고자 한다.

무엇보다 하나님 말씀에 뿌리내린 예수 그리스도의 제자를 양성하며, 앎과 삶이 일치하는 인격을 고양하며, 학문과 현장이 분리되지 않는 하나님 나라 일꾼을 세우며, 성도들의 신앙과 생활을 변화시키는 실제적인 능력을 지닌 목회자를 양육하고 파송하는 신학교육을 추구한다. 이를 위해 우리는 신학교육의 내용과 방법을 개선할 뿐 아니라 신학교 교수로서의 소명과 사명과 헌신을 새롭게 하고자 한다.

제7명제 : 우리의 신학은 세속주의 문화를 변혁시켜서 하나님 나라 문화 형성과 확산에 기여하고자 한다.

오늘날의 인류는 세속주의 문화 속에 살고 있다. 인간을 파편화시키는 개인주의는 더불어 사는 공동체의 질서를 파괴하고 있으며, 맘몬의 힘은 생명을 한갓 상품과 소비재로 만들고 인간으로 하여금 존재와 소유를 혼동케 한다. 과학기술에 대한 신뢰를 절

대화하는 과학기술주의는 종교를 대체하고 있다. 쾌락적 물신주의는 인간에게 허망한 풍요를 추구하게 하여 인간의 정신과 삶을 황폐화 시키고 있다.

이러한 세속주의 문화에는 창조주 하나님의 자리에 오르려는 인간의 죄성이 스며있다. 이 문화는 인간과 피조물을 죄의 결말인 죽음의 수렁으로 빠져들게 하는데, 이것은 마땅히 예수 그리스도의 복음의 능력으로 변혁되어야 한다. 세속주의 문화에 맞서서 우리는 하나님 나라의 문화를 추구한다. 하나님 나라의 문화는 세속주의 가치관에 저항하면서 정치 · 경제 · 사회 · 문화 · 예술 · 교육 등 전 영역에서 하나님의 다스림이 이루어지기를 갈망하는 곳에 임한다(롬 8:21).

우리는 하나님의 창조질서에서 벗어나 타락한 인간의 문화가 예수 그리스도를 통한 구속의 은총으로 회복됨을 믿는다. 그리스도의 몸된 교회는 이 세상 문화의 대안공동체로서 세속주의 문화를 변혁시키고, 하나님 나라의 문화를 구현해야 한다. 예수 그리스도 안에서 이미 성취된 하나님 나라는 하나님의 의를 추구하는 예수 그리스도의 제자들을 통해 확장된다. 하나님 나라의 문화는 땅에서도 구현되며 예수 그리스도의 오심으로 인해 완성될 것이다.

이때 "새 하늘과 새 땅이" 열리며 "거룩한 성 새 예루살렘이 하나님께로부터 하늘에서 내려오고"(계 21:1-2) 이로부터 온 우주에 예수 그리스도의 생명이 충만한 가운데 사랑과 평화의 공동체인 하나님의 나라가 온전히 이루어질 것이다.

2015년 8월 15일 광복절을 맞이하여

장로회신학대학교 교수 일동

제2장

장로회신학대학교 교수들의 논문

장신대(장로회신학대학교의 약칭) 교정에는 순교자 주기철 목사 기념탑이 있음에도 불구하고, 학교는 '경건과 학문' 에서 '인권과 학문', '기득권과 학문' 으로 변해가고 있다.

죽은 신학의 사회가 되어가고 있는 것이다. 죽은 신학이라 함은 장신대가 표방하고 있는 '경건과 학문', '오직 하나님께 영광이' 라는 칼빈의 개혁신학이 죽어있다는 의미에서 붙인 명칭이다. 그런데다가 장신대가 과거 신학자들의 신학에만 머물러 있고, 현재와 미래로 나아가지 못하고 있다는 의미도 있다. 과거의 교리적 관행의 신학에 머물고 있다는 것이다. 장신대는 우리의 상황을 반영하지 못하다 보니 서구신학자들의 신학 세계에서 한 걸음도 나아가지 못하고 있다. 현재를 즐겨야 하는데 과거만을 즐기고 있다.

그러나 보니 새로운 대안점으로서 창조론 대신 진화론을 지지하고, 여성 페미니즘을 주장하고, 노자철학과 성경이 창조론을 비교하고, 민중들의 이야기를 차기 새로운 설교학으로서 인용하고, 한의 치유를 구원의 도구로서 보고, 개혁신학 개혁영성보다 로마의 신학과 영성으로 나아가는 것이다. 즉, 죽은 신학의 사회에 살고 있다.

일부 교수들의 논문과 학문활동이 장신대가 표방하는 경건과 학문의 범주를 넘어섰다. 교단의 신앙고백 정신이 파괴되고, 개혁신학이 실종하고, 개신교의 경건성이 사라지고, 어설픈 종교학과 철학의 논문이 장신대를 사로잡고 있다.

얼마 전까지 동성애 논란으로 장신대는 여론의 도마 위에 올랐고 심지어 교단은 동성애와 관련 교단의 헌법까지 입법하는 사태가 벌어졌다.

대한예수교장로회 예장통합 교단 헌법(정치) 제26조 [직원 선택]에 의하면 “동성애자 및 동성애를 지지하고 옹호하는 자는 성경의 가르침에 위배되며 동성애자 및 동성애를 지지하고 옹호하는 자는 교회의 직원 및 신학대학교 교수, 교직원이 될 수 없다”. 심지어 동성애 파동으로 임성빈 총장은 재임에 실패했다.

거룩한 선지학교에서 동성애의 영이 판을 치다보니 학교가 점점 세속화되어 가고 있다. 이는 신학이 죽어가고 있기 때문이다. 동성애로 말미암아 임성빈 전총장이 재임에 실패하자, 장신대는 새로운 총장을 선출할 수밖에 없었다. 7명의 교수들이 총장 후보로 지원을 하였다. 장신대 이사회는 22대 총장 후보로 다음과 같이 공고를 했다.

지원자격

가. 대한예수교장로회 (통합)교단 소속 목사인 신학자
나. 사립학교 교원(총장) 임용에 결격사유가 없는 분
다. 본 법인 정관 제39조①항, 제39조의2에 따라 「장로회신학대학교 총장후보추천에 관한 규정」 제7조(총장후보대상자 자격)에 모두 충족하는 분
- 2021.10.01 기준 교수경력(강사포함) 15년 이상 된 분
- 총장의 정년은 만 70세로 한다.
- 연구윤리 검증과 성범죄 및 기타 범죄사실 검증에 결격사유가 없는 분
- 정직 이상 또는 그에 준하는 징계받은 경력이 없는 분

총장으로서 연구윤리검증에 결격사유가 없어야 한다. 그렇다면 장신대 총장 후보를 지원한 교수들에 대해 연구윤리를 검증할 필요가 있다. 일단 연구내용과 윤리가 교단이 표방하는 신앙고백과 장신대가 표방하는 설립목적의 기준에 부합되어야 할 것이다. 그래서 이번에 총장 후보의 물망에 오르는 교수들에 대해 그들이 쓴 논문과 박사학위를 기준으로 점검을 해 보기로 하였다.

우선 박사논문을 토대로 하고, 박사논문을 찾기 어려운 교수들은 최근 연구한 논문을 토대로 검증을 해보았다. 물론 각자에 따라 번역과 해석의 차이가 있을 것이라 판단하여 원문을 그대로 올리기로 하였다.

장신대 총장후보인 윤철호 교수는

2018년 한국조직신학논총 제51집에서 '창조와 진화'라는 글로 아담은 호모사피엔스로 이해될 것이라고 하여 진화론적 입장을 분명히 했다. 이 논문은 2018년 장로회신학대학교의 지원을 받아 수행된 연구이다. 장신대는 유신론적 진화론을 연구하는데 재정을 지원한 것이다.

01
윤철호 교수

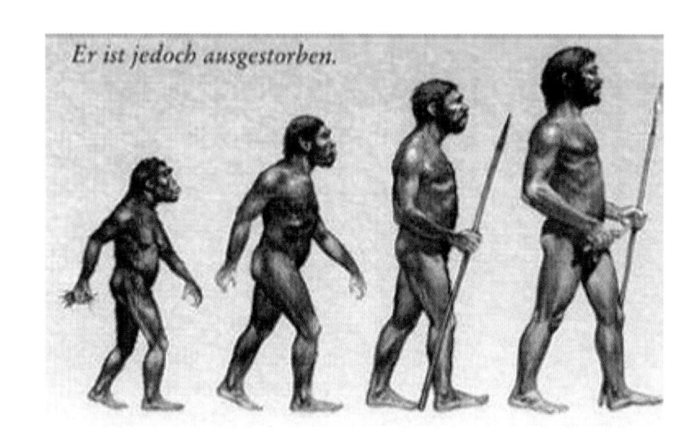

윤철호 교수는 현재 장신대 명예조직신학 교수로 있다. 장신대를 나오고 장신대학원을 거쳐 미국 노스 웨스턴대학(North Western University)에서 박사학위를 받았다.

장신대 총장후보인 윤철호 교수는 2018년 한국조직신학논총 제51집에서 쓴 '창조와 진화' 라는 글에 의하면 아담은 호모사피엔스로 이해될 것이라고 하며 진화론적 입장을 분명히 했다. 이 논문은 2018년 장로회신학대학교의 지원을 받아 수행된 연구이다. 장신대는 유신론적 진화론을 연구하는데 재정을 지원한 것이다.

창조와 진화*

윤철호
(장로회신학대학교, 교수)

I. 서론

오늘날 진화론을 둘러싼 세계관 전쟁이 기독교와 세속 문화 그리고 기독교 안에서 일어나고 있다. 기독교와 세속 문화 사이에서의 이 전쟁은 유신론과 무신론 사이의 전쟁이다. 물론 진화론이 곧 무신론을 의미하는 것은 결코 아니다. 그러나 진화론의 이름으로 무신론을 주장하는 과학자들이 세속 문화 안에 많이 있다. 창조주 하나님을 믿는 기독교 신앙은 세속 문화의 무신론적 진화론의 거센 도전을 받고 있다.

진화론과 관련된 세계관 전쟁은 기독교와 세속 문화 사이에서뿐만 아니라 기독교 안에서도 일어나고 있다. 오늘날 교회에 출

* 이 논문은 2018년 장로회신학대학교의 지원을 받아 수행된 연구임.

윤 교수는 이 논문 9페이지에서 "신학과 과학의 진리를 함께 아우를 수 있는 간학문적(interdisciplinary) 신학을 추구하는 신학자의 역할이 무엇보다 중요하다"며 "무신론적 진화론, 창조과학론, 지적설계론에 관해 고찰하고 이에 대한 대안으로 유신론적 진화론을 제시할 것"이라고 했다. 윤 교수는 유신론적 진화론을 지지하고 있다.

경과학 등을 연구하는 과학자들의 역할이 중요하다. 그리고 신학자의 입장에서 말하자면, 열린 마음으로 과학과 대화함으로써 신학과 과학의 진리를 함께 아우를 수 있는 간학문적(interdisciplinary) 신학을 추구하는 신학자의 역할이 무엇보다도 중요하다.

이 글에서는 무신론적 진화론, 창조과학론(젊은지구창조론), 지적설계론에 관해 고찰하고 이에 대한 대안으로 유신론적 진화론을 제시할 것이다. 창조와 진화의 관계에 대해서는 무신론적 진화론과 창조과학론 사이에는 다양한 스펙트럼의 이론들이 있으며, 또한 유신론적 진화론 안에도 여러 유형들이 있다. 그러나 그 다양한 이론들과 유형들을 다 소개하는 것이 이 글의 목적은 아니다. 이 글에서는 무신론적 진화론, 창조과학론, 지적설계론에 대한 대안으로 제시되는 다양한 유형의 유신론적 진화론 모델들 가운데 필자가 가장 적절하다고 여기는 모델을 특히 성서해석 방법론과 자연주의 방법론을 중심으로 제시할 것이다.[1)]

윤 교수는 무신론적 진화론(11~12)에 대해 "진화론을 창시한 다윈은 무신론자가 아니었음에도 불구하고 그리고 진화론 자체는 무신론과 아무런 관계가 없음에도 불구하고 일반적으로 진화론을 무신론을 지지하는 것으로 잘못 간주되어 왔다"며 진화론은 처음부터 유신론을 전제로 해야하는 것으로 주장하고 있다.

DNA내 염기서열의 유사성은 공통 조상이 존재했음을 보여주는 강력한 증거다. 화석들은 시간의 흐름에 따라 복잡성이 증대되는 양상을 보여주며, 중간 형태의 화석은 한 종에서 다른 종으로의 이행을 보여준다.[4)]

진화론을 창시한 다윈은 무신론자가 아니었음에도 불구하고 그리고 진화론 자체는 무신론과 아무런 관계가 없음에도 불구하고, 일반적으로 진화론은 무신론을 지지하는 것으로 잘못 간주되어 왔다. 그리고 진화론자들 가운데에는 실제로 무신론의 입장을 가진 과학자들이 상당수 존재한다. 무신론적 진화론은 물질 세계 이외에는 다른 실재가 없다고 믿는 유물론적 세계관을 전제로 한다. 이 이론에 따르면 초자연적인 실재는 존재하지 않으며, 따라서 초자연계와 자연계 사이의 상호작용은 존재하지 않는다. 자연계로부터 주어지는 경험적 증거만이 지식의 유일한 기반이며, 따라서 과학은 지식을 획득하기 위한 유일한 길이다.

윤 교수는 창조론자들에 대해 "창조과학자들은 생명이 진화과정을 통해 우연히 발생할 확률은 매우 낮아 실제로는 불가능하다고 믿는다"라고 평가한다. 그러나 창조론자들에 대한 비평에서 "이들은 생명체가 생겨나는 메카니즘에 대한 과학적 설명은 시도하지 않는다"라고 한다. 즉 윤 교수는 생명체가 생겨나는 메카니즘을 중시한다.

창조과학론자들은 생명이 진화 과정을 통해 점진적으로 그리고 우연히 발생할 확률은 너무 낮아 실제로는 불가능하다고 믿는다. 또한 이들은 한 종에서 다른 종으로의 진화를 입증할 전이형태가 발견되지 않는다고 주장한다. 이들에 따르면 창조 세계는 하나님의 직접적인 창조 행위를 보여주는 경험적 증거들을 보여준다. 그러나 이들은 생명체가 생겨나는 메카니즘에 대한 과학적 설명은 시도하지 않는다. 단지 이들은 생명체가 중간 과정을 거치지 않고 전능한 하나님에 의해 처음부터 완성된 형태로 창조되었다고 주장한다. 즉 하나님은 모든 종류(종)의 유기체와 생물을 개별적으로 직접 창조했다. 이들은 모든 화석에서 유인원과 인간을 확실히 구별할 수 있다고 주장한다. 인간과 침팬지의 유사성은 공통 설계에 기인하는 것이지 공통 혈통에 기인하는 것이 아니다. 이들은 하나님이 공통 조상을 통해서가 아니라 직접 영혼을 지닌 인간인 아담과 하와를 만들었다고 믿는다. 아담과 하와는 하나님이 직접 창조한 2명의 개인으로서 모든 인류의 선조이며, 이 두 사람의 죄로 인해 전 인류적 타락이 발생하고 죽음이 시작되었다.

윤 교수는 창조론과 지적설계론에 대해 유신론적 진화론을 대안으로 삼는다. 윤 교수는 "진화론과 기독교의 창조신앙이 서로 모순된다고 보지 않는다. 하나님은 진화의 과정속에서 그리고 그 과정을 통해 창조적 섭리를 수행하신다"라고 주장한다.

V. 유신론적 진화론

이미 언급한 바와 같이 유신론적 진화론 안에 다양한 스펙트럼의 유형들이 존재하지만 이 글에서는 필자가 바람직하다고 여기는 유신론적 진화론의 모델에 관해서만 논술하고자 한다. 특히 이 글에서 제시하는 유신론적 진화론은 하나님이 창조 시에 자연법칙을 세우고 창조 이후에는 단지 자연법칙에 따라 진화가 일어나도록 우주에서 손을 뗐다고 주장하는 유신론적 진화론과 구별

된다. 필자는 진화론과 기독교의 창조 신앙이 서로 모순된다고 보지 않는다. 하나님은 진화의 과정 속에서 그리고 그 과정을 통해 창조적 섭리를 수행하신다. 미국 성공회의 후원으로 『창조교리문답』이라는 이름 아래 진행된 연구는 유신론적 진화론을 다음과 같이 설명한다. "진화하고 있는 이 우주에서 하나님은 자연 활동의 결과를 지시하지 않고, 세상이 모든 다양성 안에서 가능한 모

윤 교수는 유신론적 진화론에 대해 "하나님은 처음부터 완벽한 생명을 창조하신 것이 아니라 진회의 순차적 과정을 통해서 생명을 창조하신다"라고 하며 유신론적 진화론, 창조적 진화론의 입장을 분명히 한다. 그는 이어 "이 이론은 화석기록에 나타나는 진화 과정의 도약 즉 창발적 변화를 단지 우연한 자연선택의 결과로가 아니라 하나님의 간섭과 인도에 의한 것으로 이해한다"라고 창발적 변화, 즉 창조적 진화라는 말로 대신한다.

유신론적 진화론에 있어서, 하나님은 처음부터 완벽한 생명을 창조하신 것이 아니라 진화의 순차적 과정을 통해 생명을 창조하신다. 이 이론은 화석 기록의 전체 패턴과 다양한 염색체상의 유사성이 공통 조상을 지시한다는 신다윈주의의 견해를 공유한다. 그러나 이 이론은 화석 기록에 나타나는 진화 과정의 도약 즉 창발적 변화를 단지 우연한 자연선택의 결과로가 아니라 하나님의 간섭과 인도에 의한 것으로 이해한다. 창발이란 진화 과정의 각 단계에서 과거의 조건들에 의한 필연성으로부터 유래되지 않는 새로운 무언가가 존재하게 된다는 것을 의미한다. 클레이턴은

윤 교수는 2014년 장신논단에 쓴 '창발론적인 인간이해' 에서 "창발론은 빅뱅과 근본적인 물리적 법칙으로부터 생물학적 진화의 과정을 거쳐 정신과 문화의 창발까지 나아간다"라고 주장하면서 "유신론적 창발론자는 인간의 사고와 행동이 자연법칙의 관점에서는 낯선 모종의 속성과 믿음으로 우리를 이끈다고 논증한다"라고 하여 유신론적 진화론을 지지하고 있다.

창발론적 인간 이해
필립 클레이턴을 중심으로
The Emergentist Understanding of Human Beings: Focused on Philip Claytons Thought

저자 (Authors)	윤철호 YOUN Chul-Ho
출처 (Source)	장신논단 46(1), 2014.3, 91-119(29 pages) KOREA PRESBYTERIAN JOURNAL OF THEOLOGY 46(1), 2014.3, 91-119(29 pages)
발행처 (Publisher)	장로회신학대학교 기독교사상과 문화연구원 Center for Studies of Christian Thoughts and Culture

창발론은 빅뱅과 근본적인 물리적 법칙으로부터 생물학적 진화의 과정을 거쳐 정신과 문화의 창발까지 나아간다. 그리고 유신론적 창발론자는 인간의 사고와 행동이 자연법칙의 관점에서는 낯선 모종의 속성과 믿음으로 우리를 이끈다고 논증한다. 이 속성을 설명하고 믿음의 진리를 평가하는 것은 자연과학과 창발론의 범주를 넘어선다. 클레이턴의 유신론적 설명의 결론은 "진화적 과정을 선행하는 한 의식적인 의도적 존재 또는 힘과 그의 창조적 의도가 (간접적인 방식으로) 지성적 생명의 창발을 가져왔다"[44]는 것이다. 그러면 창발적 정신 즉 인간 주체와 신적 주체의 관계는 어떻게 이해되어야 할까? 클레이턴은 인간의 정신 활

윤 교수는 "유신론적 진화론은 인간이 진화의 과정정속에서 유인원의 혈통으로부터 급격한 변화 즉 창발적인 도약을 통해 생겨났을 것으로 본다..... 인간과 침팬지의 DNA 분석 결과 유전자의 98.5%가 일치한다는 것이 밝혀졌다...... 인간의 2번 염색체에 존재하는 유전자 순서는 침팬지의 서로 다른 2개의 유전자 순서와 마치 침팬지의 두 염색체의 짧은 필이 합쳐진 것처럼 일치한다. 이것은 하나님이 이미 존재하는 원형을 재조합해서 인간의 물리적 형상을 불어넣었다는 추론을 가능하게 한다"라고 하며 전통 창조론을 부인하고 있다.

이러한 관점에서 그는 "오늘날의 고고인류학의 관점에서 볼 때 성서가 말하는 첫 번째 인간인 아담은 첫 번째로 호모 사피엔스로 이해될 수 있을 것이다"라고 하며 아담은 더 진화되어야 할 인간에 가장 가까운 호모사피엔스라고 주장하고 있다.

유신론적 진화론은 인간이 진화의 과정 속에서 유인원의 혈통으로부터 급격한 변화 즉 창발적인 도약을 통해 생겨났을 것으로 본다. 아마도 하나님은 진화가 진행 중인 인간 전 단계의 조상 가운데 한 개체를 창조적으로 변형시켜 하나님의 형상을 부여했을 것이다. 인간과 침팬지의 DNA 분석 결과 유전자의 98.5%가 일치한다는 것이 밝혀졌다. 그런데 모든 유인원은 24쌍의 염색체(48개)를 가지고 있으나 인간은 23쌍을 가지고 있다. 주목할 만한 사실은 인간의 염색체 중 두 번째로 큰 2번 염색체가 두 염색체의 끝과 끝이 연결된 것처럼 보이는 특징을 가지고 있다는 것이다. 더욱이 인간의 2번 염색체에 존재하는 유전자 순서는 침팬지의 서로 다른 2개 유전자 순서와 마치 침팬지의 두 염색체의 짧은 팔이 합쳐진 것처럼 일치한다. 이것은 하나님이 이미 존재하는 원형을 재조합해서 인간의 물리적 형상을 만들고 그 후에 하나님의 형상을 불어넣었다는 추론을 가능케 한다.[25] 오늘날의 고고인류학의 관점에서 볼 때, 성서가 말하는 첫 번째 인간인 아담은 첫 번째 호모 사피엔스로 이해될 수 있을 것이다.[26]

호모사피엔스는 원숭이와 인간의 중간 단계의 종이다. 인간이 아니라 인간과 가장 가까운 원숭이보다 진화된 종으로 두발로 서서 직립보행이 가능하고 언어와 도구를 쓸 줄 아는 종이다. 그러나 완벽한 사람은 아니다.

윤철호 교수도 자신의 논문에서 호모사피엔스는 인간과 가깝다고 하고 있다.

"호모사피엔스는 인간과 가깝다. 인간은 두개골의 크기와 형태, 치아, 턱뼈, 그리고 직립자세를 가능케 하는 척추와 골반의 형태, 엄지손가락과 엄지발가락의 크기와 위치 등, 유인원과 구별되는 신체상의 특징들을 지니고 있다."

년), 호모 네안데르탈렌시스(25만-4만 년) 호모 사피엔스(19만-현재)는 인간
과 가깝다. 인간은 두개골의 크기와 형태, 치아, 턱뼈 그리고 직립 자세를 가
능케 하는 척추와 골반의 형태, 엄지손가락과 엄지발가락의 크기와 위치 등,
유인원과 구별되는 신체상의 특징들을 지니고 있다. 이에 관해 다음을 참고

▲ 창조와 진화, 27p

호모사피엔스는 침팬지로부터 진화된 가장 인간에 가까운 인간 유사종이다.

호모사피엔스는 오스트랄로피테쿠스라는 유인원에서 시작하여 크로마뇽인에서 가장 진화된 모습을 보이고 있다.

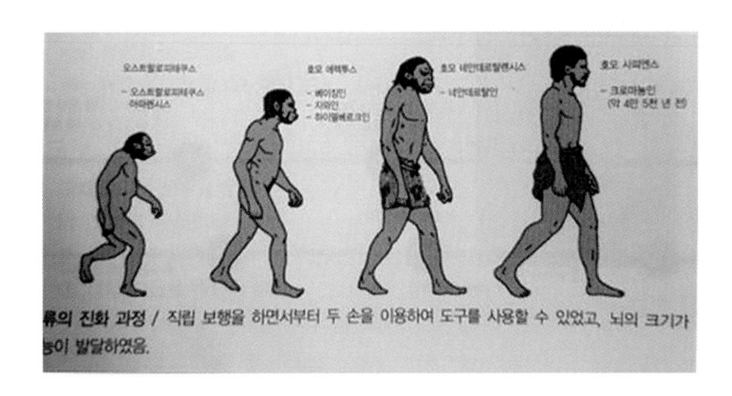

그러므로 윤 교수가 아담도 호모사피엔스라고 말하는 것은 아담은 완벽한 인간이 아니며 진화해야 할 인간이라는 것이다. 그렇다면 하나님이 최초의 인간인 아담을 불완전하게 창조했다는 것이다.

윤 교수가 아담은 호모사피엔스라고 했는데 호모사피엔스는 인간이 아니라 인간과 가까운 인간으로 진화되어야 할 종이다. 우리가 잘 아는 크로마뇽인이 호모사피엔스이다. 호모사피엔스는 인간으로 진화되어 가는 가장 마지막 유형이다. 윤 교수의 말대로라면 아담도 호모사피엔스이기 때문에 더 진화되어야 한다. 윤 교수는 학문적 차원에서 자신의 견해를 말하고 주장할 수는 있다. 민주사회에서 학문과 표현, 사상의 자유가 있기 때문이다. 그러나 이러한 주장은 일반 대학에서는 가능하지만 직영신학대학원에서 주장해서는 안 된다.

장신대의 설립목적은 "본대학교는 대한민국의 교육이념에 입각하여 대한예수교장로회 총회직할하에서 성경적 신학에 기초하고 장로회신조와 헌법에 기준하여 교회의 지도자와 교역자 양성을 위한 고등교육을 실시함을 목적으로 한다"이기 때문이다. 유신론 진화론이 교단이 요구하는 목회자 양성에 전혀 도움이 되지 않는다.

이에 대한 윤 교수의 입장을 보자.

윤 교수는 진화론을 주장하다보니 **"인간과 침팬지의 DNA 분석 결과 유전자의 98.5%가 일치한다고 주장하면서 인간은 침팬지로부터 진화되었음을 가능성이 있다"고 주장한다. 그러면서 윤 교수는 "하나님이 창조한 첫 번째 아담은 침팬지에서 진화한 호모사피엔스"** 라고 말한다.

윤 교수 답변

인간과 침팬지의 DNA가 98.5% 일치한다는 것은 제가 주장하는 것이 아니라 이미 상식화 되어 있는 생물학적 사실입니다. 그러나 인간은 침팬지로부터 진화된 것이 아닙니다. 인간과 침팬지는 다른 계보에 속합니다. 인간과 침팬지의 생물학적 DNA 차이는 1.5%에 불과하지만, 인간은 하나님의 형상으로서의 고유한 특성을 지닌 유일무이한 존재로 창조되었습니다. 하나님의 형상으로서의 인간의 특성의 핵심은 바로 하나님과 인격적으로 교제할 수 있는 영적 능력에 있습니다.

"오늘날의 고고인류학의 관점에서 볼 때 성서가 말하는 첫 번째 인간인 아담은 첫 번째 호모사피엔스로 이해될 수 있을 것이다."

윤 교수 답변

이 구절의 의미는 성경에서 말하는 첫 번째 인간이 아담이고 고고인류학에서 말하는 첫 번째 인간이 호모 사피엔스라면, 고고인류학의 관점에서 볼 때 첫 번째 인간인 아담은 첫 번째 호모 사피엔스에 해당한다고 이해될 수 있다는 것입니다.

즉 "고고인류학의 관점에서 볼 때" 그렇게 생각할 수 있다는 말입니다. 고고인류학에서는 호모 사피엔스를 최초의 인간으로 봅니다. 그러나 창세기 아담 창조 이야기의 관점에서 볼 때, 고고인류학에서 말하는 호모 사피엔스는 오늘날의 "인간과 가깝다"고 말하는 것이 더 낫지 않을까 생각됩니다. 저는 "아담도 크로마뇽인이다"라고 말한 적이 없습니다. 저는 성서의 아담을 과학의 호모 사피엔스와 문자적으로 일치시켜 보려는 시도의 문제점을 지적하는 신학자들의 견해에 기본적으로 동의합니다.

아담과 하와에 관해서는 다섯 가지 시나리오(최근 조상설, 최근 대표설, 한 쌍의 고대 조상설, 고대 집단설, 상징설)가 가능한데, 이 가운데 어느 시나리오도 백 퍼센트 만족스러운 것은 없습니다. 예를 들면, 첫 번째 시나리오인 최근 조상설은 성경에 대한 문자적 해석으로서, 하나님이 최근(약 1만 년 전)에 아담과 하와를 첫 번째 인간으로 창조하셨다는 것입니다.

이 시나리오에 따르면 아담 이전은 물론 그와 동시대에 살았던 사람도 없습니다. 이 시나리오는 다음과 같은 문제점을 갖습니다. ① 가인과 그의 아들들의 아내는 어디서 왔는가? ② 하나님은 "가인에게 표를 주사 그를 만나는 모든 사람에게 죽임을 면하게"(창 4:15) 하셨는데, "모든 사람"은 어디서 왔는가? ③ 창세기 4장에서 아담 이후 불과 몇 세대 후에 상당한 인구를 가진 도시가 여럿 생겼음을 확인할 수 있다.

이들은 어디서 왔는가? ④ 고고학적 증거들(도구사용, 예술작품, 불의 사용 흔적 등)은 인류가 전 세계의 모든 대륙에서 적어도 1만 년 이상 살아왔음을 증거한다. 이 민족들이 모두 대략 1만 년 전 근동 지역에 거주한 한 부부의 후손일 수는 없다. 그들이 지구 전체에 흩어지기에는 시간이 너무 짧다. ⑤ 현생 인류의 화석은 연대가 10만 년 넘는 것들도 있다. ⑥ 이 시나리오는 오늘날 인류 집단 내의 유전적 다양성, 즉 어째서 일부 유전자에 150개가 넘는 대립유전자가 있는지 설명하기 어렵다. 데보라 하스마, 로렌 하스마, 『오리진』(서울: IVP, 2012), 276-297 참고.

제가 아담이 완벽한 인간이 아니라고 말하는 것은 진화론적 이유가 아니라 신학적 이유에서입니다. 왜냐하면 아담이 완벽한 인간이라면 죄를 짓지 않았을 것이기 때문입니다. 따라서 고대 교부 이레네우스는 인간의 완전성이 시초에 주어진 것이 아니라 종말론적으로 완성되어야 할 것으로 보았습니다. 이러한 이레네우스의 인간론은 오늘날 인간의 하나님 형상의 완성을 종말론적 운명으로 이해하는 판넨베르크와 같은 신학자들에 의해 계승 발전됩니다.

유신론적 진화론의 스펙트럼은 매우 넓습니다. 즉 이 스펙트럼 안에는 전통적인 창조론에 가까운 입장도 있고 이신론에 가까운 입장도 있습니다. **본인의 입장은 자연의 창발적 진화 과정 안에서의 하나님의 창조적 행동의 중요성을 강조하는 온건하고 보수적인 입장이라고 할 수 있습니다.**

제 논문에 나타나는 "자연 속에서의 인과적 과정과 최종적 목적 사이의 괴리는 극복되어야 한다... 따라서 '자연 안에서'의 하나님의 지속적인 창조적 행위에 대한 보다 진지한 관심이 필요하다"라는 문장은 하나님의 창조적 행동의 중요성을 강조하는 글입니다. 저는 논문에서 과학이 말하는 창발적 우연성의 영역이 (다른 영역들과 마찬가지로) 하나님의 창조적 행동의 영역이 될 수 있음을 강조했습니다.

저는 유신론적 진화론이란 개념보다 창조적 진화론 또는 진화적 창조론이란 개념을 선호합니다(각주 36). 저는 하나님의 창조적 사역이 과학자들이 설명할 수 있는 자연적 현상, 과학자들이 아직 설명해 내지 못한 자연적 현상, 과학 이론으로는 설명할 수 없는 초자연적 현상(기적), 그리고 과학적으로 결과를 예측할 수 없는 무작위적(우연적) 현상들 모두 안에서 일어난다고 믿습니다.

저는 결코 기독교의 창조신앙을 부인하거나 약화시키려 하지 않았습니다. 저는 창조신앙 안에서 어떻게 오늘날의 과학적 세계관과 대화하고 소통할 수 있는가 하는 문제를 진지하게 성찰하는 것이 오늘의 중요한 신학적 과제라고 생각합니다. 저는 오늘날 과학적 사고를 하는 현대인들을 위해 성경의 창조신앙을 설명하기 위해 노력하는 신학자이지 과학의 진화론을 무비판적으로 받아들이고 창조신앙을 소홀히 여기는 신 학자가 아닙니다.

"창조와 진화"는 신학과 과학의 대화의 한 핵심주제입니다. 한편으로, 성서와 신학의 언어를 과학의 언어로 직역하는 문자적 해석은 이미 언급한 바와 같이 젊은 지구 창조론과 같은 문제를 초래합니다. 그러나 다른 한편, 창조신앙은 진화론과 같은 과학 이론과 대립되거나 상호 배타적인 것도 아닙니다. 진화론이 창조론과 대립되거나 상호 배타적이 되는 것은 그것이 무신론적 진화론이 되는 경우입니다.

그러나 진화론은 반드시 무신론적이 될 필요가 없습니다. 신학과 과학, 창조와 진화 사이의 바람직한 관계에 대한 전망을 모색하는 것이 한국연구재단의 지원(3년)을 받아 연구책임자인 저를 포함한 12명의 신학자, 철학자, 과학자가 지난해부터 함께 진행하고 있는 연구 프로젝트의 목표입니다.

장신대 김은혜 교수는

서울여대, 장신대를 졸업하고 드류대학, 클레아몽 신학대학원에서 여성신학으로 박사학위를 받았다. 그의 논문은 한국기독교여성들의 페미니즘의 문제를 장자철학과 노자철학을 통하여 새로운 여성신학의 대안점을 마련하고자 하는 페미니즘 종교철학의 논문이다.

02
김은혜 교수

김은혜 교수는 서울여대, 장신대를 졸업하고 드류대학, 클레아몽 신학대학원에서 여성 신학으로 박사학위를 받았다.

교수 김은혜 (金恩惠), Kim, Un Hey

연구실 : 마펫관S026
연락처 : 02-450-0820
이메일 : uhk@puts.ac.kr

- 기독교와문화, Ph.D.
- 서울여자대학교 경영학과(B.B.A.)
- 장로회신학대학교 신학대학원(M.Div.)
- 미국 Drew University(S.T.M.)
- 미국 Claremont Graduate University(Ph.D.)

그의 논문을 분석해 보자.

그의 논문은 한국기독교여성들의 페미니즘의 문제를 장자철학과 노자철학을 통하여 새로운 여성신학의 대안점을 마련하고자 하는 페미니즘 종교철학의 논문이다.

Subjectivity and Difference:

Toward A Korean Christian Feminism

BY

UN HEY KIM

A Dissertation submitted to the Faculty of Claremont Graduate University in partial fulfilment of the requirements for the degree of Doctor of Philosophy in the Graduate Faculty of Religion

Claremont, California

2001

5장의 논문내용은 도교로부터 여성페미니즘의 대안점을 찾는다.

한국기독교여성들의 새로운 형태=도교의 주체성

한국기독교여성들로서 형성되는 주체성의 자서전적인 에세이

· 장자와 노자의 연구

· 도교의 자아와 주위 사이의 상호연관관계

· 장자의 원근화법적 다원주의: 급진적 상대주의

· 도교의 변화철학에서 자아와 비자아

· 비이원성: 도교의 자아와 행동

· 장자의 변화의 개념과 상이성의 개념

· 한국기독교여성들을 향한 도교의 통찰력과 도전

결론

논문의 ABSTRACT(요약)을 보자.

주체성과 상이성 : 한국기독교 페미니즘(여성주의)을 향하여

여성들 간의 충분한 인식과 함께 미국에 있는 제3세계 여성신학자들과 소수의 주변 학자들은 모든 여성들을 위한 대표로서 그들 자신의 경험을 기획하는 신학과 이성애 백인 페미니스트 이론, 중간층의 보편적인 경향에 도전해왔다.

이 논문은 포스트모더니즘의 해체 주제와 후기 구조적 담론의 주제가 보편성과 공통성이라기 보다는 오히려 다양성과 특수성을 강조하는 여성신학의 새로운 비전을 향하여 여성의 주체성을 다시 생각할 목적으로 여성신학자들에게 도전을 주었다.

새로운 주체성의 형태를 발견하기 위하여 나는 주로 세 명의 학자들을 다룰 것이다. Rosemary Radford Ruether, Luce Irigaray, Trinh T. Min-ha이다.

상이성과 여성신학의 주체성의 도전을 진지하게 취하면서 나는 여성의 주체성에 근거한 서구신학 담론의 잘못된 보편성을 지적함으로써 여성신학의 기본적인 전제를 비평할 것이다.

한국기독교 페미니즘을 향한 주체성의 새로운 형태를 확립하기 위해 나는 나의 주체성이 어떻게 형성되고 변화되는지를 추구하기 위하여 내가 시작하는 나의 철학적 문화적 토대로서 나는 도교(Daoism)를 선택했다.

한국여성을 위한 도교를 토대로 하는 새로운 주체성의 형태는 한국기독교여성으로서 충분한 주체성의 주장을 깊고 넓게 해준다. 도교적 관점으로부터 내가 결론을 맺고자 하는 것은 우리가 한국기독교여성이 차이점이 있고자 하는 욕구와 열정에 의하여 알려진 변화의 흐름으로서 형성되어가는 주체성을 발견하는 것이다.

변화와 차이점의 개념은 형성되어 가는 주체성의 핵심개념이다. 그러므로 페미니스트 신학자들은 주체성의 새로운 영역을 발견하기 위하여 여성의 경험과 여성의 개념을 변형시키는 새로운 담론을 생산해야 한다.

Abstract of the Dissertation

Subjectivity and difference: Toward a Korean Christian Feminism.

by

Un Hey Kim

Claremont Graduate University: 2001

With full recognition of difference among women, many Third world feminist theologians and minority scholars in the United States have challenged the universalizing tendency of middle class, heterosexual white feminist theory and theology in projecting their own experience as representative for all women. This dissertation argues that a postmodern de-centered subject and a poststructural discursive subject has challenged feminist theologian to rethink female subjectivity toward a new vision of feminist theology stressing particularity and difference rather than universality and commonality.

In order to find a new form of subjectivity, I mainly deal with three scholars: Rosemary Radford Ruether, Luce Irigaray, and Trinh T. Minh-ha. Taking seriously the challenge of feminist theory of subjectivity and the notion of difference I attempt to criticize the basic assumption of feminist theology by pointing out the Afalse universality of Western theological discourses on the female subjectivity.

how my subjectivity is formed and changed. A new form of subjectivity based on Daoism for Korean women profoundly broadens and deepens our affirmation of the fullness of subjectivity as Korean Christian women. From the Daoist perceptive, I conclude that we find the forming subjectivity as flux of change informed by Korean Christian women's passion and desire to let different be. The notion of change and difference is the core concepts of forming subjectivity. Therefore, feminist theologians must produce a new discourse that transforms the meaning of women's experience and the notion of woman in order to find new spaces of subjectivity. This discourse should allow for otherness, specificity, difference and change.

I장은 여성신학자 류터의 여성경험과 여성의 개념에 대해서 다룬다. **II장**은 주체성의 여성이론과 주체성의 현대 개념을 비평한다. **III장**은 상이성의 개념과 주체성의 이론을 파악한다.

IV장에서는 여성신학자, Iragaray의 여성주체성의 확립과 해체에 대해서 다룬다.

VI장에서는 한인기독교여성의 새로운 형태의 대안으로서 도교의 주체성에 대해서 다루면서 장자(Zhuangzi)와 노자(Laozi)의 관점에서 대안을 찾고 있다. 그리고 결론을 맺는다.

vii

결론부분에 해당하는 논문의 마지막 구절을 보자.

"나는 그녀 자신의 하나님에 토대를 둔 성적 차이를 인식하는 Irigaray 의 건설적인 속성을 제시할 것이다. 나는 남녀 성적 차이점의 이론이 동등의 논리학에서 여성의 차이점을 근절시키지 않는 한국 여성의 주체성을 발전시키는데 도움이 될 수 있다고 생각한다. 그러므로 나는 여성 신학자로서 페미니스트 이론가들이 부정적이며 본질적으로 억압적인 남성의 창조물뿐만 아니라 생명을 주는 영역과 변형적인 실천의 영역으로서 여성의 종교성과 실천을 분석해야 한다고 제안한다."

The notion of difference, especially sexual difference has been elaborated most explicitly in Luce Irigaray's theory of subjectivity. In the next chapter I will present Irigaray's constructive nature recognizing sexual difference based on her own God. I think her theory of sexual difference can help to develop the specificity of Korean women's subjectivity not eradicating women's difference from men in the logic of same but emancipating her own becoming which is approved by her own God not his God. I hope the interactive examination of feminist theory and theology on the issue of female subjectivity leads me to rethink more effectively and fruitfully the notion of subjectivity toward a new horizon of feminist theology. In this regard I find the works of feminist philosopher, Luce Irigaray, and feminist theorist Trinh T. Minh-ha more interesting to my own project on women's subjectivity. To neglect the realm of religious belief and practice misses a significant aspect of constituting women's subjectivity. Therefore I, as a feminist theologian, at the same time, propose that feminist theorists must analyse women's religiosity and practices not only as a negatively and inherently oppressive male creation, but also as the space of life-giving and transformative practices.

평가와 결론

도교는 노자와 장자의 사상을 피력한 경전『도덕경』에서 명명되었다. 자연과 조화를 이루는 삶이 유일한 '참 삶' 이라는 도교의 사상은 인간의 마음을 완전히 해방해서 새로운 이상향을 떠돌아다니게 했다.

도교는 자유로운 인간의 논리나 인간이 만든 법에 제약받지 않고, 소박함과 조화 속에서 살면서 인생을 하나의 전체로 파악해야 한다고 가르치고 있다. 김 교수는 이러한 도교의 사상을 통하여 여성의 해방과 억압에서 벗어나는 자유로움을 추구했을 것이다. 적어도 신학자라면 성경과 개혁신학사상에서 여성신학 대안점을 찾아야 했다.

이러한 논문은 페미니즘을 중시하는 이화여대나 숙명여대에서 필요할는지 모른다. 그러나 대한예수교장로회 통합교단인 직영신학대학교에서는 불필요한 논문이다.

더군다나 서구의 이론을 비평한다고 하면서 중국의 장자와 노자철학을 대안으로 하는 것은 기독교 학교의 교수로서 적당한 논문이 아니다. 이 논문은 동양철학과이거나 종교학과, 여성학과에서 다뤄져야 할 글이다. 이 논문에는 성경적 기독교 대안이 없다. 적어도 성경으로부터 여성관에 대한 대안점을 찾아야 했다. 신학교 교수논문이라면 말이다.

이 논문에는 그리스도나 개혁신학의 냄새가 전혀 없다. 오직 페미니즘이다. 이것은 신학 논문이 아니다.

장로회신학대학교 정관은 "이 법인은 대한민국의 교육이념에 입각하여 대한예수교장로회 총회 직할하에서 신학과 기독교 교육에 필요한 학술의 심오한 이론과 실제를 교수연구하여 교역자 양성을 위한 고등교육을 실시함을 목적으로 한다"이다.

장신대는 여성만 있는 것이 아니라 남성이 대부분이다. 소수의 여성들을 위해 교수를 채택하는 것은 교단의 정체성에 벗어난다. 교단헌법에는 여성을 위주로 하거나 여성을 차별하는 조항이 없다. 장신대에서 페미니즘을 주장하는 교수가 있다면 장신대는 여성억압과 성차별이 있는 것으로 비쳐질 것이다. 장신대가 여성인권을 억압하는 분위기라면 페미니즘신학이 필요할 것이다.

현재 예장통합 교단은 남녀와 여성을 동등하게 취급하여 동등하게 목사안수를 준다. 심지어 여성 부총회장까지 배출했다.

"1994년 9월, 제79회 총회에서 여성안수 문제와 총대수를 1,500명으로 하는 등, 몇 조항을 보완한 헌의 안이 통과되고 노회수의를 거쳐 1995년 5월 27일 개정된 것을 공포하였다."

통합교단은 여성차별을 하지 않는다. 굳이 여성신학이 필요하지 않다. 그리고 대한예수교장로회 신앙고백서는 페미니스트 신학을 요구하지 않는다.

제5부 대한예수교장로회 신앙고백서

제05장 [인간]

3. 사람은 일남일녀로 창조되어 그들의 결합에 의하여 한 가정을 구성한다(창 2:21~25). 사람은 남녀의 바른 결합에서 그 능력을 발휘하고, 생을 즐겁게 살 수 있으며, 하나님께 영광을 돌릴 수 있다. 그러나 성이 가정을 떠나 오용될 때에는 불행을 초래하게 된다. 그러므로 그리스도인은 신앙으로 순결을 지키고 특권을 누려야 하며, 인위적인 이혼은 금지되어야 한다(마 19:6).

5. 이러한 상태에 빠져있는 인간을 하나님은 그의 은혜로 그리스도를 믿고 의지하게 함으로 의로움과 거룩함을 얻으며, 창조때의 원상태를 회복하고, 나아가 완전한 구원에 이르게 한다. 구원받은 인간은 그리스도 안에서 새로운 피조물이 되고(고후 5:17), 인종과 계급, 그리고 남녀의 구별없이 동등한 특권을 누린다(갈 3:27~28). 그러므로 모든 사람의 인권은 하나님이 주신 은사이다. 따라서 우리는 인권수호에 깊은 관심을 가지며(롬 8:31~34), 인간의 존엄성을 지키는데 힘써야 한다.

결론적으로 김은혜 교수의 논문에는 장자와 노자만 있고 예수가 없다. 그리고 남녀평등사상이 없고, 남성은 배제하고 여성위주로만 논문을 썼다.

윤철호 교수의 유신론적 진화론 사상, 김은혜 교수의 페미니즘 논문을 통하여 볼 때, 총회신학교육부와 장신대 이사회가 학연, 지연, 정치성, 보직만을 중시하는 가운데 장신대 교수들의 무신론적이고, 비성서적이고 비개혁적이고 비장로교회적인 세속의 신학사상으로 나아가 학생들의 영혼은 메말라가고 있는 실정이다.

이외에 많은 교수들의 비장로교적, 비성서적, 비개혁적, 로마 카톨릭적 학문성으로 장신대는 죽은 신학의 사회가 되어가고 있는 것이다.

장신대 김도훈 조직신학 교수는

장신대, 장신대학원을 졸업하고 독일 튀빙겐 대학에서 생태학입장에서 본 기독교와 도교의 창조론의 비교연구로 박사학위를 받았다. 그러나 이 논문은 논리학상 부당비교의 오류를 범하고 있다. 철학의 도사상과 기독교라는 종교사상을 비교하고, 형이상학 세계에 있는 하나님의 창조 행위와 형이하학 세계에 있는 인간의 사상을 비교하고 있기 때문이다.

03
김도훈 교수

장신대 김도훈 조직신학 교수는 장신대, 장신대학원을 졸업하고 독일 튀빙겐 대학에서 생태학입장에서 본 기독교와 도교의 창조론의 비교연구로 박사학위를 받았다.

교수 김도훈 (金道勳), Kim, Do Hoon

연구실 : 마펫관5001
연락처 : 02-450-0803
이메일 : dhkim@puts.ac.kr

- 조직신학, Dr. theol.
- 장로회신학대학교 신학과(Th.B.)
- 장로회신학대학교 신학대학원(M.Div.)
- 장로회신학대학교 대학원(Th.M.)
- 독일 Universitat Tübingen(Dr.theol.)

그러나 이 논문은 논리학상 부당비교의 오류를 범하고 있다. 철학의 '도' 사상과 기독교라는 '종교' 사상을 비교하고, 형이상학 세계에 있는 '하나님의 창조 행위'와 형이하학 세계에 있는 '인간의 사상'을 비교하고 있기 때문이다.

'도'는 철학사상이고 '창조'는 철학이 아니라 종교사상이다. 종교는 종교와 철학은 철학과, 인간은 인간과, 신은 신과 비교해야 한다. 신을 인간과 비교해서는 안 된다. 이는 심각한 부당비교의 오류이다. 종교학과나 철학과에서나 가능한 논문이다.

논리학에서 오류론이란 추론의 형식을 제대로 지키지 않거나 명제와 논거를 잘못 사용하는데서 빚어지는 논리적인 잘못을 말한다. 형식적 오류와 비형식적 오류가 있다. 형식적 오류는 논리적 오류로서 자동률, 모순율, 배중률 등의 사고법칙에 따르지 않는 오류를 말한다. 비형식적인 오류는 보통 관련성의 오류와 애매성의 오류로 구분이 된다. 논증이나 설득의 글에서 오류가 있을 때는 글 자체의 타당성과 신뢰성에 흠이 가게 된다. 비형식적인 오류 중의 하나가 부당비교의 오류이다.

형이상학적 사회와 형이하학적 사회를 비교하고자 서로 균형이 맞지 않는 전제를 비교하는데서 오는 오류이다. 이를테면 작고한 이상현 교수가 지적했듯이 "성부, 성자, 성령하나님이 평등하기 때문에 황인종, 백인종, 흑인종이 평등해야 한다"는 사례이다. 처음부터 비교가 잘못되었다.

이처럼 형이상학적 세계와 형이하학 세계를 비교할 수 없다. 마찬가지로 노자의 창조론과 하나님의 창조론을 비교할 수 없는 것이다. 김도훈 교수는 몰트만 밑에서 기독교와 도교의 창조교리를 비교 연구하였다. 김은혜 교수는 도교에서 페미니즘의 대안을 찾았지만, 김도훈 교수는 장자와 노자의 창조론 사상을 기독교의 사상과 비교하여 생태학적인 이론으로 승화시켰다.

김 교수의 논문의 제목은 '생태학적인 입장에서 본 기본 사고의 비교연구'(도교와 기독교)이다.

Ein Vergleich ihrer Grundideen aus ökologischer Sicht

Inaugural-Dissertation
zur
Erlangung der Doktowürde
der
Evagelisch-theologischen Fakultät
an der Eberhard-Karls-Universität
zu Tübingen

Vorgelegt von Do Hoon Kim
aus Pyosun/Korea
1997

논문의 초록은 다음과 같다.

이 논문의 목적은 생태학적 입장에서 노장사상과 기독교 창조론에 나타난 기본 사고 구조를 비교연구하는 것이다. 이를 위하여 노장사상과 기독교 창조론에서 가장 중요하고도 핵심적인 개념, 즉 신, 인간 그리고 자연이라는 세가지 개념을 선택하였다. 이 세가지 핵심 개념을 생태학적 시각을 통하여 보려는 것이다.

이 세가지 개념을 어떻게 이해하느냐에 따라서 자연에 대한 우리의 태도가 달라지기 때문이다. 지금까지의 기계론적 고전물리학의 인간과 자연 인식, 그리고 절대 초월자로서의 신인식 등은 이러한 오늘날의 생태계의 위기를 합리화하는데 정신적 배경이 되었다. 자연 파괴의 정신적 배경을 생각하면서 노장철학과 기독교 신학에서 대안적 사고를 찾아 상호 비교해보려는 것이다.

우선 본 주제속으로 들어가기 전에 제2장에서 노장사상의 생성의 역사적 및 정신적 배경 그리고 서구 정신사에 유입된 과정, 특히 고대 중국의 생태계의 위기상황과 신관들을 알아 보았다.

이 논문의 주요 부분인 제 3장에서는 도와 기독교 하나님 사이의 유사성과 차이성에 대해서 다룬다. 노장 철학이 서구에 도입되면서 기독교 하나님과 로고스 개념과의 유사성 때문에 상당한 주목을 받았고, 그로 인하여 상호 대치될 수 있는 개념이라고 주장되었다.

또한 도가의 세계 생성론과 기독교 유출론은 상당한 유사성을 가지고 있다. 그리고 절대자 체험을 묘사하는 비유나 절대자 인식의 문제 역시 유사성을 보인다. 그럼에도 불구하고 결코 차이점을 잊어서는 안될 것이다. 의미의 차이를 간과한 채 두 개념의 상호치환성을 주장한다면 커다란 의미의 왜곡을 불러올 것이다.

제4장에서는 노장사상과 기독교 창조론에 나타난 인간과 자연이해를 다뤘다. 과거의 기계론적 자연관에 비하여 노장철학과 기독교 창조론은 유기적 자연관을 가지고 있다. 그들에게 있어서 자연은 역동적이며, 살아있는 조화적 유기체이다. 인간은 만물의 영장이나 척도가 아니다.

자연의 지배자도 착취자도 될 수 없다. 오히려 인간은 자연의 일부이며 자연과의 연관속에서 자연에 의존하여 살아간다. 자연은 인간 인식의 대상이며, 죽어있는 물질이어서 인간 욕망충족을 위한 수단일 뿐이라고 생각하는 인간 중심적 사고를 노장사상과 기독교 창조론은 철저히 거부한다.

결론에서는 본 논문을 다시 한번 요약하여 비교하며 그 차이점을 밝히는 것으로 끝을 맺는다. 노장철학과 기독교 창조론은 절대자 이해에 있어서, 자연과 인간이해에 있어서 상당히 유사한 점을 많이 갖고 있다. 그럼에도 불구하고 결정적 차별성을 보여주고 있다. 기독교 창조론은 종말론적, 기독론적, 삼위일체론적인데 반하여 노장철학은 전체적으로 현재적, 순환적, 삼중적이다. 어떤 목적지향적 종말론이나 구원론적 신성한 신과 같은 사고는 노장 철학에서 찾아보기 힘들다.

몇몇 서구 학자들이 시도하는 것처럼 노장사상과 기독교의 하나님은 동일하다고 주장하기에는 차별성이 너무 크다. 둘다 생태학적 위기에 대한 대안적 사고를 많이 가지고 있음에도 불구하고 이런 차이점들이 반드시 지적되어야 할 것이다.

목차와 서론, 결론을 보자.

· 노자와 장자의 작품
· 노자와 장자의 역사적 지적 배경
· 고대 중국의 생태 상황
· 고대 중국에서 하나님의 개념
· 도교 연구의 서양사

· 도교의 이해
· 기독교삼위일체
· 도와 하나님
· 도의 인격과 초인격
· 하나님의 인격과 초인격
· 하나님은 인격적이며 동시에 초인격적

· 기와 도의 관계
· 기독교 창조교리
· 도교에서 자연과 인간
· 인간과 자연의 본재 조화의 파괴
· 인간과 자연과의 화해의 실제적인 면
· 인류중심적 지식의 절대성 비판
· 기독교 창조교리에서 자연과 인간에 대한 이해
· 조화, 관계 및 역학의 기반과 원리로서의 우주정신

INHALTSVERZEICHNIS

i

논문의 서론은 다음과 같다.

논문의 내용은 '도교와 기독교의 창조 교리 비교연구' 이다. 논문의 제목이 '비교 생태학적 관점에서 본 기본 아이디어' 에서 보여주듯이 논문의 기본 목적은 현재 동양과 서양, 중국 철학과 기독교 철학 사이의 대화 를 통하여 생태학적인 방법론을 추구하는 것이다.

도교와 기독교는 어떤 분야에서 어떤 기본 사상으로 서로 대화를 나누고 있는가? 이를 위해 세 가지 주요 테마를 선택한다. 서양에서 도교의 연구와 수용의 역사를 살펴볼 때 영적 세계를 보면 학자들이 도교 개념에 있지 않다는 것을 알 수 있다.

자연과 인간의 관심을 끌었지만 대부분은 신성한 존재인 도와 신의 유사성에 대한 이해가 없다. 자연과 인간에 대한 도교적 이해가 없다면 우리는 도교의 중요한 부분을 소홀히 할 것이다. 특히 자연과 인간은 기독교에서도 취급해야 할 주요 개념이다.

하나님은 하늘과 땅에 있는 모든 것, 보이는 것과 보이지 않는 것을 창조하셨다. 그는 인간과 자연의 창조자 즉, 모든 것이 하나님의 창조물이다. 인간과 자연은 하나의 동일한 하나님의 피조물이다.

결론은 다음과 같다.

이 작품을 통해 우리는 도와 하나님 사이에 큰 유사점이 있음을 알 수 있다. 도교의 표현에 따르면, 도는 영원하고, 헤아릴 수 없을 정도로 이해할 수 없고, 표현할 수 없으며 불변하고 일정하다. 도는 감각으로 인식할 수 있는 영역의 일부가 아니다.

도에 귀속되는 이러한 속성은 하나님의 기독교 교리의 속성과 유사하다. 하나님은 오직 하나로서 개인적인 성격을 설명한다. 도와 신 모두 인격적이고 동시에 초자연적 본질이 있다.

우리의 관심은 창조 교리가 있는지 여부가 아니라 어떻게 개발되는지에 대한 것이다. 도교는 창조의 과정을 도교의 자기 계발로 보았다. 우리는 도교와 기독교 창조 교리에 기본적인 생태학적 아이디어를 가지고 있다. 도와 기독교 하나님 사이에 큰 유사성과 상이성이 있음을 고려하고 인식했다.

기독교 창조 교리의 특징과 기본적인 도교 사상은 우리의 질문이다. 기독교 창조

교리는 삼위일체론적이다. 신은 모든 것을 창조하고 일하며 영으로 그의 아들을 통해 모든 것을 완성한다. 하나님의 교리는 일치와 삼위일체에 대해 말한다.

대조적으로, 도교는 삼중 도교의 가르침을 가지고 있다. 도는 이과 기를 통해 전개된다. 도교의 가르침은 도, 태극, 기의 삼위일체만을 말한다. 또는 하나, 둘, 셋. 또한 Tao, Te 및 Ch'i 사이의 상호 당신에 대해 말하지 않는다. 그리고 도는 말하는 인격적 존재로 묘사되지도 않는다. 여기에 도교의 가르침은 하나님의 기독교 교리와 동일하지 않다.

그리스도는 창조의 중개자이시며 만물의 화해자이자 구속주이시다. 모든 것은 그를 통해 창조되고 그를 통해 화해된다. 신으로부터 버림받은 자의 구원은 화해자를 통해 이루어지지 않는다. 하지만 우리는 도가 중재자가 아닌지를 확인해야 한다. 그러므로 도에게는 기독교의 중재자나 화해자의 개념이 없다.

기독교 창조 교리의 특징은 종말론적이다. 이미 종말론적 의미를 함축하고 있다. 창조는 폐쇄적인 체계가 아니기 때문이다. 그러나 미래를 지향한다. 기독교의 하나님은 만물의 완전성과 구원에 대해 말한다. 여기에는 종말론적 의미가 포함되어 있다. 안식일 교리도 마찬가지이다.

대조적으로 도교에는 시간과 역사의 개념이 없기 때문에 종말론이 없다. 그래서 존재하고 실존적이지만 종말론적으로 결정되지 않는다. 이 연구가 보여 주듯이, 우리는 기독교 창조 교리를 사용할 수 있다.

5 Schluß

I. Im dritten Kapitel ging es darum, ob und inwiefern es Ähnlichkeiten zwischen dem taoistischen Tao und dem christlichen Gott gibt. Im vierten Kapitel behandelten wir die Übereinstimmungen und Differenzen des Verständnisses von Natur und Mensch in der taoistischen und biblisch-christlichen Tradition. Es war das Ziel und die Intention dieser Arbeit, die Vorstellungen von dem Göttlichen, von Natur und Mensch aus dem Taoismus und aus der christlichen Schöpfungslehre zu erheben und miteinander zu vergleichen. Als Ergebnis können wir zusammenfassen:

1. Tao und Gott: Durch diese Arbeit können wir erkennen, daß es große Ähnlichkeiten zwischen dem taoistischen Tao und dem christlichen Gott gibt.

i. Tao ist nach der taoistischen Darstellung ewig, unergründlich, unbegreiflich, unaussprechlich, unveränderlich und beständig. Tao ist kein dem sinnlich wahrnehmbaren Bereich angehörendes Wesen. Diese Tao zugeschriebenen Eigenschaften sind denen ähnlich, die die christliche Gotteslehre Gott zuschreibt. Ferner sind wir in dieser Arbeit zu der Erkenntnis gekommen, daß es nicht überzeugend ist, Tao nur als ein unpersönliches oder überpersönliches Wesen und Gott nur als ein persönliches Wesen zu beschreiben. Denn sowohl Tao als auch Gott wird als persönliches und zugleich überpersönliches Wesen verstanden. Und wir haben entdeckt, daß die Bedeutung von Nichtsein und Sein als zwei Aspekte des Tao auch in der christlichen Tradition gefunden kann.

ii. Wie wir gesehen haben, nennen die Taoisten Tao Schöpfer aller Dinge. Es handelt sich also nicht darum, ob es bei ihnen eine Schöpfungslehre gibt oder nicht, sondern darum, wie diese entfaltet ist. Der Taoismus hat den Schöpfungsvorgang als Selbstentfaltung des Tao angesehen, der an die Emanationstheorie des Neuplatonismus erinnert. Mit der christlichen Tradition gesprochen bedeutet creatio ex nihilo bei ihnen creatio ex deo. Schöpfung ist das Heraustreten des Schöpfers aus sich selbst. Wir haben große Ähnlichkeiten mit dieser taoistischen Schöpfungslehre in den Schriften Scotus Eriugenas gefunden. Überdies zeigen die taoistische und die christliche Schöpfungslehre weitere Ähnlichkeiten in der Lehre von der Immanenz des Göttlichen und von der creatio continua. Tao und Gott sind transzendent und zugleich immanent. Sie sind allen Dinge immanent und wirken in ihnen. Darüber hinaus ist eine weitere Entsprechung darin zu finden, daß die taoistische und die christliche Tradition, besonders bei Eriugena und Thomas von Aquin, Tao oder Gott als das Endziel aller Dinge beschreiben. Sie stellt den ganzen Prozeß aller Dinge als eine große Kreisbewegung dar, in der sich Anfang und Ende, Ursprung und Ziel entsprechen.

iii. Der Taoismus verwendet die natürlichen und weiblichen Metaphern, um die Erfahrung des Tao zum Ausdruck zu bringen. Wir haben auch zur Darstellung der Gotteserfahrung verwendeten natürlichen und weiblichen Metaphern in der biblischen und theologischen Tradition gefunden. Ferner haben wir uns mit der Frage beschäftigt, ob man Gott oder Tao in der Natur erkennen kann. Der Taoismus akzeptierte selbstverständlich das Erkennen des Tao in der oder durch die Natur. Er war der Meinung, daß dem Wirken des Tao in der Natur der harmonische, dynamische Prozeß der

216

평가 및 결론

이 논문은 몰트만의 창조론과 도교의 창조론을 생태학적인 관점에서 기본구조를 비교한 것이다.

여기서 저자는 윤철호 교수처럼 진화론이 아니란 창조론의 관점에 서 있고 김은혜 교수처럼 노자나 장자 사상에 머물지 않고 노자나 장자 사상보다 기독교 사상을 통하여 대안을 찾고 있다. 신의 인격성, 종말성, 화해성은 기독교의 본질적인 사상이다.

그러나 인간이 만든 노장철학과 하나님의 창조론을 생태학적인 관점에서 비교하는 것은 부당비교의 오류를 범하는 것이다. 철학과나 종교학과에서는 가능한 논문이지만 신학과에서는 처음부터 전제가 잘못된 비교이다. 인간의 사상과 신의 창조행위를 비교할 수조차 없는 것이다. 하나님의 창조행위는 누구와도 비교대상이 안되기 때문이다.

다행히도 이 논문은 기독교 창조 교리의 위대성을 말하지만 노장 사상이라는 철학과 기독교의 창조라는 종교적 신념을 비교하는 것은 철학과나 종교학과 교수로서 적당한 논문이지 신학대학교 교수의 논문으로서는 부적절하다는 것이다. 도교 사상은 단지 동양철학에 불과할 따름이다.

장신대 총장서리인 김운용 교수는

장신대 설교학 교수로서 장로회신학대학교를 졸업하고 장로회신학대학원을 거쳐서 미국에 있는 버니지아 유니온 신학대학원에서 설교학으로 박사학위를 받았다. 그의 박사학위 제목은 '믿음은 들음에서 난다' (Faith comesm from hearing) 이고 소제목은 'Fred B. Cradock. Eu-gene L.Lowry, David Buttrick의 이론과 한국교회의 적용을 통한 설교학적 패라다임 전환의 비평적 평가' 이다.

04
김운용 교수

장신대 총장서리인 김운용 교수는 장신대 설교학 교수로서 장로회신학대학교를 졸업하고 장로회신학대학원을 거쳐서 미국에 있는 버니지아 유니온 신학대학원에서 설교학으로 박사학위를 받았다.

총장직무대행 김운용 ([illegible]), Kim, Unyong

연구실 : 마펫관4006A
연락처 : 02-450-0702
이메일 : uykim@puts.ac.kr

- 예배/설교학, Ph.D.
- 장로회신학대학교 신학과(Th.B.)
- 장로회신학대학교 신학대학원(M.Div.)
- 장로회신학대학교 대학원(Th.M.)
- 미국 Columbia Theological Seminary (Th.M.)
- 미국 Union Theological Seminary and PSCE (Ph.D.)

그의 박사학위 제목은 '믿음은 들음에서 난다' (Faith comesm from hearing) 이고 소제목은 'Fred B. Cradock. Eugene L.Lowry, David Buttrick의 이론과 한국교회의 적용을 통한 설교학적 패러다임 전환의 비평적 평가' 이다.

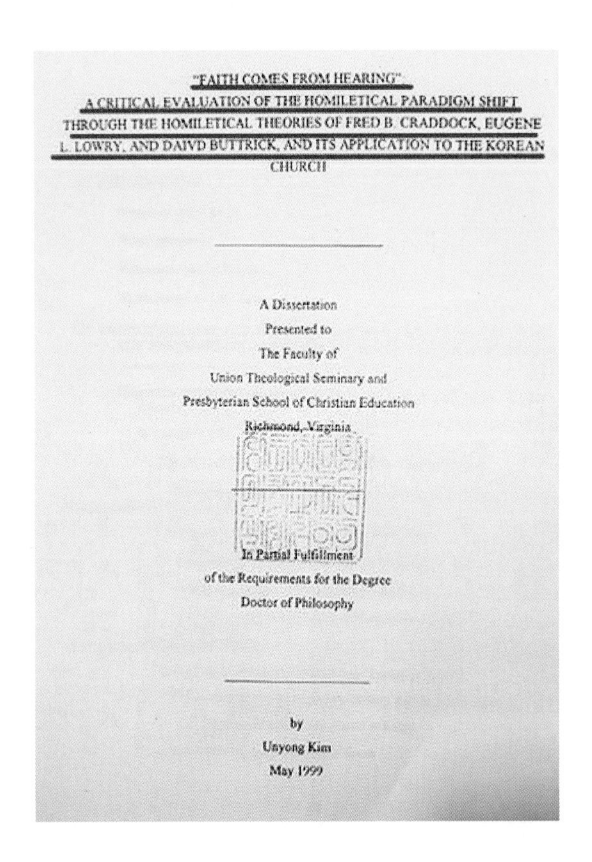

"FAITH COMES FROM HEARING"
A CRITICAL EVALUATION OF THE HOMILETICAL PARADIGM SHIFT THROUGH THE HOMILETICAL THEORIES OF FRED B. CRADDOCK, EUGENE L. LOWRY, AND DAIVD BUTTRICK, AND ITS APPLICATION TO THE KOREAN CHURCH

A Dissertation
Presented to
The Faculty of
Union Theological Seminary and
Presbyterian School of Christian Education
Richmond, Virginia

In Partial Fulfillment
of the Requirements for the Degree
Doctor of Philosophy

by
Unyong Kim
May 1999

그는 서론에서 다음과 같이 말한다.

현재 한국의 교회상황에서 설교는 아주 어려운 시대를 맞게 되었다. 설교자의 권위, 설교스타일, 청자의 스타일 같은 옛날 설교양식의 필요조건이 계속 역기능적으로 간주되어 왔다. 사람들은 은유, 이야기, 이미지를 전달하는 TV와 같은 전자매체에 익숙하다.

그럼에도 불구하고 대부분의 한국목사는 주해설교와 제목설교에 익숙하다. 여기서 한국목회자들의 설교 위기에 대해서 말할 것이다. 한국교회는 속히 다가오는 커

뮤니케이션의 세계를 적용하고 인식하는데 실패한다.

한국교회는 변화된 사람들을 다가가기 위하여 변화된 양식으로 설교해야 한다. 이런 상황에서 한국 목사들은 그들의 전통적인 설교스타일을 재고해야 하고, 변화하는 상황에서 복음의 위임명령을 성취하기 위하여 적절한 설교 패러다임 전환이 있어야 한다.

But today, preaching in the contemporary Korean church has fallen on hard times.[7] The requirement of old modes of preaching—such as the authority of the preacher, the preaching style, and the listening style—have come to be regarded as increasingly dysfunctional. People accustomed to electronic multi media, like television, understand an idea or concept best if it is conveyed with an image, metaphor, or story—a visual picture in their mind illustrating the idea being conveyed. Nevertheless, most preachers in the Korean church still preach by exposition and proposition. Here lies the reason for the crisis in preaching in the contemporary Korean church: it fails to recognize and adapt to the quickly dawning world of communication. The church must speak in changed ways in order to reach changed people.

In this context, a great chasm separates the church (the Word of God) from contemporary Korean society (the listener), thereby reflecting the church's inability today to communicate effectively the gospel message. Although the Korean church has accomplished one of the most marvelous examples of church growth, the chasm has widened to crisis proportions as church growth declines. In this circumstance, Korean preachers must rethink their traditional preaching style and undergo an appropriate homiletical paradigm shift that allows the church to accomplish its gospel mandate in changing context.

Suggesting that preaching finds itself now in a quite new cultural, epistemological context, Walter Brueggemann asserts that "ours is a changed preaching situation, because

논문 목차를 보면 기존의 한국교회의 설교를 평가하고 비판하면서 미국의 목사들의 예를 들고 미국 목사들처럼 한국교회에서도 새로운 설교 패러다임의 변화가 있어야 한다는 것이다.

설교 패러다임을 위해 요구되는 한국 목사들 설교 평가와 진단

1910-1990년까지 설교분석

사회문화적 언어와 포스트모더니즘 상황

한국에서 사회문화적 변화와 동기

한국교회 설교의 변화

미국 목사들의 새로운 설교 패러다임의 이해:

Fred B. Cradock(귀납적). Eugene L.Lowry(이야기식 설교),

David Buttrick(설교의 이미지).

한국에서의 새로운 설교 패러다임

TABLE OF CONTENTS

PAGE

iii

논문 65p에 "검증된 현대 목회자들의 설교집에서 설교의 경향을 발견하기란 어렵지 않다. 대부분은 제목설교이거나 삼대지 형태를 사용하고 있다"라고 되어 있다.

"조용기, 박조준, 김삼환, 이중표 목사는 제목설교이거나 삼대지 형태를 사용하고, 반면 이동원, 옥한음, 하용조 목사는 강해 설교 스타일을 사용한다. 곽선희 목사 역시 이런 형태의 설교를 한다."

65

It is not difficult to find the tendency in the reviewed contemporary preacher's sermon books, too. Most of them used the topical or three-point sermon form.[149] They employ it for their preaching development mainly: the preachers choose a topic from the text or from his/her personal meditation and develop the topic through the frame of three or four points, weaving in a few illustrations to make the points clear.[150]

Most of the selected preachers think that the effectiveness of a sermon is enhanced when they distinctively summarize and arrange the content logically. They use many illustrations and propositions to testify and clarify their logic. When they prepare their sermons, therefore, the primary question is "What is the most orderly way for materials to fit together?" rather than "What is the most orderly way for people to best *hear* the material in this sermon?"[151] Their main concern is how to transmit the Word of God, rather than how to let the congregations experience it.

Most of the selected preachers also use a deductive method in their sermon structure, rather than an inductive one.[152] They began their sermons with an explanation of the topic or the meaning of the text. For them, the organizing idea or thought is very

---

[149] David Y. Cho, Jongsoon Park, Jojoon Park, Samhwan Kim, Joong Poi Lee, and Sundo Kim employ this style chiefly, while Dongwoon Lee, Hanheum Ok and Yongjo Ha employ an expository preaching style, and Sunhee Kwak the movement style. The contemporary Korean preachers' differences with older generations in using these kinds of preaching styles are that they consider the text more important, while the elder preachers developed their sermons following the topic of the sermon and departed from the text. However, there was the tendency to use just one method—topical and three-point making, expository, or movement—in their chosen sermons.

김운용 교수는 이러한 옛날 스타일의 설교는 미국 목사들처럼 변화된 미디어의 시대에 맞게 미국의 새로운 목사들처럼 변화되어야 한다고 주장한다. 미국 설교학자들은 귀납적, 이야기식, 설교의 이미지를 강조한다.

김 교수는 '한국설교의 사회적 변화' 라는 장에서 민중신학의 언어를 인용한다.

Minjung Theology. Minjung theology emerged out of the Korean situation and out of the involvement of Christians in the struggle for social justice in Korea since the 1970s. While Liberation theology emerged out of the concern of Latin American theologians for the poor in their countries, Minjung theology came out of the struggle of concerned Korean Christians for social and political justice in Korea. In the 1970s, a handful of theologians and lay leaders in Korea became involved in the struggle of *Minjung*[174] for justice and freedom. As their involvement intensified, the government dismissed them from their teaching jobs in universities and seminaries. They then chose to participate more actively in Minjung movements. When these Christians committed themselves to Minjung movements, they were forced to reflect upon their Christian discipleship in basement interrogation rooms, in prison. Out of these experiences, Minjung theology was born. In this respect, Minjung theology is called "a theology of contextualization that attempts to respond to the Gospel from within Minjung's struggle of liberation."[175]

[174] It is also not easy to translate this term *Minjung* exactly into English. It is a combination of two words, *Min* (literally 'people') and *Jung* (literally 'mass'). So, it has a definition of "the mass of people." But Minjung theologians reject this kind of definition. For them, *Minjung* are those who are oppressed politically, exploited economically, alienated socio-politically, and kept uneducated in cultural and intellectual matters through the ages. See Wansang Han, Minjung Sahochak [Minjung sociology] (Seoul: Chongro Seojuk, 1984), 26-27.

설교에 있어서 언어는 상당히 중요하다고 한다. 그는 이야기설교의 대안으로서 사회적 상황을 중시하는 민중의 한의 이야기를 중시한다.

"한국의 상황신학으로서 민중신학의 관점은 한국인의 정서를 드러내고, 한국교회의 설교 패러다임전환을 위해서 필요하다."

"사회적 전기인 민중의 언어는 민중 그 자체의 표시이고, 한과 그들 마음의 발로이기도 하다. 민중신학자에게 하나님 계시의 매개체는 구원의 사건인 동시에 역사적 사건이다. 그리고 사건의 확고한 전달 매체는 이야기이다."

82

In this respect, the language and expression of Minjung in the Korean culture, at least, was *story*. The Minjung's language, "social biography," was a demonstration of Minjung themselves, and an exposure of their mind and *han*. To Minjung theologians, "the first medium of God's revelation is the event of salvation and the historical event, and the authentic transmitting medium of the event is story."[187]

Thus, Minjung theologians use the story, the primary feature in Korean Minjung's lives, as their theological perspective. In the historical aspect, Koreans, in particular, have loved and used storytelling in their lives, and it has been "the first and oldest intellectual tool"[188] in the Korean mindset. Therefore, Koreans have regarded the telling and listening of stories and their experiences as their medium for communication rather than systemizing and analyzing them, because stories help us encapsulate experience and remember it.

On that account, the perspective of Minjung theology as a Korean contextual theology reveals the Korean mind-set and suggests the need for a homiletical paradigm shift in the Korean church, whose typical preaching pattern has been propositional and rational. Even though Robert Wuthnow's concern is not for homiletics but ethical ideal in his article, his assertion provides helpful advice and a suggestion for the Korean church, which is living in a transitional period:

이상학 목사는 십자가의 道보다 한의 치유를 구원이라고 논문에서 말하고 있다. 이상학 목사는 한의 치유를 구원의 도구로 보는 반면, 김운용 교수는 민중의 언어를 새로운 설교 패러다임의 이야기 설교로서 제안하고 있다.

설교언어의 발전에 대해서 새로운 설교학은 설교언어는 은유적이고 시적이며 직설법 형태를 통하여 청자(듣는 이)들에게 호소한다고 주장한다. 언어의 통찰력을 수용할 때 과학적 방법의 특수한 관점의 구속으로부터 해방시키는 것이다.

기독교 설교는 성경의 언어를 지속할 뿐만 아니라 문화적 표현을 발견하기 위하여 존재의 중요한 언어를 회복시켜야 한다. 이와 같이 설교언어는 설교가 들려지든 안들려지든지 결정하는 중요한 요소 중의 하나이다.

김운용 교수는 설교자는 민중의 언어를 사용할 필요성이 있다고 하여 새로운 새로운 패러다임이 중시하는 이야기 언어를 인용하고 있다.

민중신학은 해방신학의 일종으로 민중을 예수로 생각하는 전통신학과 교단신학과는 전혀 상관이 없는 비기독교적 정치신학의 민중이라는 용어를 중시한다. 민중신학은 한국적 상황과 1970년 이래로 사회적 정의를 위한 투쟁에서 기독교와 관련하여 한국적 상황에서 출현되었다. 해방신학이 가난한 사람들을 위한 라틴 아메리카에서 출현된 반면, 민중신학은 한국의 사회정의를 위해 한국기독교인들과 관련된 투쟁속에서 출현되었다.

이러한 관점에서 민중신학은 해방을 위한 민중의 투쟁으로부터 대응하기 위하여 노력하는 상황신학이라고 불리운다. 민중신학의 목표는 창조적으로 민중의 한을 풀어주는 것이다. 한은 다양한 그릇된 형태의 행동이 표현하는 깊은 고통과 형언할 수 없는 경험 이다. 민중신학자들은 한은 민중의 분노이고, 집착되고 굳어진 내면으로 향한 정서라고 말한다.

79

Minjung are known through their own social biography, that is, their life story."[132]

What then is a social biography? Yong-Bock Kim defines it:

> It is simply the story of the Minjung. The term "story" here should not be understood as fictitious. It is the basic form of the Minjung's life. It is a drama in which the antagonist (power) and protagonist create events and sequences of events. There is no built-in victory or defeat; no fixed laws are dominant in the story. The story contains memory, vision and the wisdom of the past to create a new future and it entertains the future vision to energize the present course of the drama... Above all, however, the story contains the subjective and internal experiences of the Minjung. The emotions of anger and joy are expressed in the story... This social biography is the story of broken lives in terms of spirit, body, community, and history.[133]

Minjung have their story as social biography and have found the meaning and power of their lives in suffering. Therefore, we can know the reality and identity of *Minjung*-its character and essence-not by philosophical and scientific definition, but by social biography, by Minjung's story, which they create and understand and speak very well because they themselves create it. We can see this in the following Korean traditional folk-tale:

민중의 이야기에서 한은 충분히 드러나고 있고 한의 이야기를 말함으로서 설명되고 노출된다. 그러므로 스토리텔링(이야기 하기)은 한에서 창조적인 단(dan)을 가져오는 매우 중요한 민중신학의 도구이다.

이야기나 이야기를 말하는 것(storytelling)은 한국사회에서 매우 중요한 역할을 한다. 문화적으로 한국은 기독교가 소개되기 이전에는 전근대적인 문화였다. 스토리텔링은 문화적으로 한국사회에서 중요한 교육적 도구일 뿐만 아니라 마음의 표현의 도구이기도 하다. 한국사회의 지적, 사회적, 종교적인 형태는 이야기의 힘을 통해서 형성된다.

민중은 특히 삶과 희망과 고통의 표현을 위해 옛날 민속이야기를 말하는 방법을 사용했고 좋아하기도 했다. 민중신학자 김용복은 민중은 자기자신의 사회적 전기, 즉 그들의 생애를 통하여 잘 알려진다고 주장한다.

민중은 사회적 전기속에 그들의 이야기를 갖고 있고, 고통속에서 삶의 의미와 힘을 발견해왔다. 그러므로 우리는 철학적 과학적 정의에 의하지 않고 민중의 이야기에 의한 사회적 전기에 의하여 민중캐릭터에서 민중의 실체와 정체성을 알 수 있다.

민중의 사회적 전기와 이야기는 그들이 스스로 창조하기 때문에 매우 잘 이해하고 말할 수 있는 것이다. 민중은 한국문화에서 탈춤과 판소리같은 민속의 이야기의 표현을 사용했다. 민중은 사회적 전기(일생의 기록물)로서 그들의 이야기를 갖고 있고, 고통가운데 그들의 삶의 파워와 의미를 발견해왔다. 민속이야기는 민중의 언어이다.

민중은 생존하기 위하여 힘을 얻었고 음악과 춤을 포함한 스토리텔링을 통하여 해학으로 역경을 극복할 새로운 파워를 만들어 냈다. 이러한 관점에서 한국문화에서 민중의 표현과 언어는 이야기이다. 사회적 전기인 민중의 언어는 민중 그 자체의 표시이고, 한과 그들 마음의 발로이기도 하다. 민중신학자에게 하나님 계시의 매개체는 구원의 사건인 동시에 역사적 사건이다. 그리고 사건의 확고한 전달 매체는 이야기이다.

82

In this respect, the language and expression of Minjung in the Korean culture, at least, was *story*. The Minjung's language, "social biography," was a demonstration of Minjung themselves, and an exposure of their mind and *han*. To Minjung theologians, "the first medium of God's revelation is the event of salvation and the historical event, and the authentic transmitting medium of the event is story."[187]

Thus, Minjung theologians use the story, the primary feature in Korean Minjung's lives, as their theological perspective. In the historical aspect, Koreans, in particular, have loved and used storytelling in their lives, and it has been "the first and oldest intellectual tool"[188] in the Korean mindset. Therefore, Koreans have regarded the telling and listening of stories and their experiences as their medium for communication rather than systemizing and analyzing them, because stories help us encapsulate experience and remember it.

On that account, the perspective of Minjung theology as a Korean contextual theology reveals the Korean mind-set and suggests the need for a homiletical paradigm shift in the Korean church, whose typical preaching pattern has been propositional and rational. Even though Robert Wuthnow's concern is not for homiletics but ethical ideal in his article, his assertion provides helpful advice and a suggestion for the Korean church, which is living in a transitional period:

민중신학자들은 신학적 관점으로서 민중들의 삶속에 있는 주요 특징인 이야기를 사용한다. 그런 점에서 한국의 상황신학으로서 민중신학의 관점은 신학은 한국의 사고 방식을 드러내며 전형적인 설교패턴이 명제적이고 합리적인 한국교회에서 설교 패러다임을 위한 필요를 제시하고 있다.(82p)

그는 다음과 같이 결론을 맺는다.

이 논문은 한국 목회자의 설교를 위해 새로운 패러다임과 새로운 설교 방법론을 제시하고자 노력했다. 우리가 복음을 위한 위임명령을 취한다면 전통적인 패러다임을 추구하는 관행상의 설교와는 달리 현한국사회의 설교를 위한 새로운 패러다임을 발전시키는 것이다. 한국상황의 변화는 한국설교가들이 설교의 실천을 위해 고려해야 하는 이유이다.

CHAPTER SIX

CONCLUSION

The story is told about two farmers who met at the market one Monday morning. One asked, "What did your minister preach about yesterday?" The other replied, "Oh, the same old thing—ding-dong, ding-dong, ding-dong!" The first farmer smiled and said, "You're fortunate! All we ever get is ding-ding-ding-ding!"
—Warren Wiersbe, Preaching and Teaching with Imagination.

This dissertation has attempted to review the New Homiletics in trying to propose a homiletical and methodological renewal and a new paradigm for Korean preaching. We began this dissertation with two significant questions: "How can we continue to preach more effectively in the changing era?" and "What is at the bottom of the preaching crisis in the Korean church?" The answer suggested was that if we were to take the church's mandate of the gospel seriously, it would require that we develop a new paradigm for preaching to contemporary Koreans that is fundamentally different from the operational homiletics—the traditional approach—that have been or are now at work. I noted that such homiletics would have to incorporate into its formulation a response to the changes taking place in the Korean context and in our understanding of the New Homiletics. The change of the context is a reason why Korean preachers should consider something new in the practice of preaching. The preacher is standing to communicate the gospel in the midst of cultural transformation. Applying the thesis that we are experiencing a fundamental shift in contemporary culture, I suggested that

272

나는 설교학의 새로운 패러다임으로서 미국의 설교학자 'Fred B. Cradock. Eugene L.Lowry, David Buttrick' 을 소개했다. 그들은 한국의 미래설교가들을 위해 중요한 제안을 하였다.

옛날설교에 대한 그들의 비평은 한국에서의 설교문제에 대한 이해와 현존하는 설교패러다임에 대한 재평가와 이정표를 제시했다. 구정통주의에서 설교는 주로 명제적이고 주제설교이며, 두서없이 산만했고, 3대지와 하나의 시로서 풍자된 방법과 해석에 대한 접근으로 따랐다.

이러한 구정통주의의 방법을 초월하여 새로운 설교학은 하나님의 말씀을 새롭게 듣는 전적으로 다른 패러다임을 추구하였다. 새로운 설교학은 이전의 논증의 방법으로부터 급진적 전환을 포함하고 있고, 기획된 방법처럼 이야기(스토리텔링)를 향하여 나아가고 있다.

특히 새로운 설교학은 한국의 변화하는 상황에서의 설교의 갱신을 위하여 새로운 패러다임전환에 기여하고 있다. 현재 한국의 교회는 미국의 1780년대와 1980년대와 유사하다.

평가와 결론

김운용 교수는 "한국교회를 일으켰던 조용기, 박조준, 이중표, 김삼환, 김선도 목사는 3대지 설교를 하고, 하용조, 옥한음, 이동원은 강해설교를 했다"라고 하면서 "새로운 설교적 대안으로서 미국의 설교학자들이 제시한 이야기식 설교, 귀납법적인 설교, 설교의 이미지를 제시하면서 한국교회의 새로운 설교 패러다임 전환이 있어야 한다"고 주장한다.

귀납적 설교에서 '귀납' 이라는 말은 '이끌려가다' 는 뜻을 지닌 라틴어 'inductio', 'inducere' 에서 비롯되었다. 곧 귀납은 개개의 구체적인 사실이나 현상에 대한 관찰로서 얻어진 인식을 그 유(類) 전체에 대한 일반적인 인식으로 이끌어가는 절차이며, 인간의 다양한 경험, 실천, 실험 등의 결과를 일반화하는 사고방식이다. 이러한 것을 설교방법에 끌여들여 과학적인 설교를 하는 기법을 말한다.

민중신학은 비개혁적 신학

설교의 이미지는 대중매체를 최대한 활용하라는 의미에서 중시하였을 것이다. 여기서 김운용 교수는 실체도 없는 민중신학의 이야기를 설교에 인용하여 이야기식 설교를 요구한다.

한국에서 민중교회로서 성공한 사례는 하나도 없으며 민중신학은 1970년대 독재정권에 항거했던 일시적 정치신학으로서 막을 내렸고, 민중신학은 예장통합의 관점에서 보았을 때 민중은 예수라는 등식으로 심각한 기독론적인 문제가 있는 비개혁적 신학이다. 몰트만은 민중신학의 비판에서 그렇다면 "민중이 예수라면 누가 민중을 구원하겠는가"라고 반박한다.

오히려 3대지로 설교한 조용기, 박조준, 김삼환, 김창인, 김선도 목사 등이 성공적인 목회를 하였고 이들은 대부분이 어려웠을 때의 삶을 중시하였다.

그러나 실체도 없고 검증되어 성공한 바도 없는 민중의 한의 이야기를 이야기 설교의 표본이라고 하여 민중신학을 인용하는 것은 인용의 하자가 있다고 생각한다. 민중신학은 기로에 서 있다.

민중신학은 해방신학의 일종이었고, 영혼구원과 하나님의 영광, 십자가의 도와는 상관이 없는 그야말로 정치로 둔갑한 신학으로서 기존의 개혁신학의 전통을 부인하고 있다. 예장통합 교단의 설교학 교수가 민중신학의 이야기신학을 새로운 패러다임 전환으로서 채택하는 것은 심각한 문제가 있다고 본다.

김운용 교수는 그의 논문 82p에서 "민중신학은 한국교회의 설교 패러다임으로써 필요하다"고 했다. 예장통합 교단 신앙고백은 예수를 민중이라고 규정하지 않는다. 교단 신앙고백서에서 "그는 하나님의 아들로서 사람이 되신 분이며 민중이 아니라 하나님과 사람을 중개하는 유일한 분이시다"라고 정의한다.

제03장 [예수 그리스도]

1. 우리는 예수 그리스도가 하나님의 아들로서 사람이 되셨다는 것과(요 1:14) 그가 하나님이시요, 또한 사람이시며, 하나님과 사람 사이의 유일의 중보자가 되신 것을 믿는다(엡 2:13~16, 딤전 2:5). 그는 성령으로 잉태하사 동정녀 마리아의 몸에서 나시사 완전한 사람이 되어 인류 역사 안에서 생활하셨다(마 1:23). 이와 같은 그리스도의 성육신은 단 한 번으로써 완결된 사건이요, 최대의 기적에 속하는 사건이다(히 9:28).

그러나 장신대 교수가 민중을 예수로 보는 기독론이 불투명한 이교신학으로부터 이야기신학을 새로운 설교학의 이정표로 제시하는 것은 난센스이다. 그는 그의 논문에 다음과 같이 썼다.

"On that account, the perspective of Minjung theology as a Korean contextual theology reveals the Korean mind-set and suggests the need for a homiletical paradigm shift in the Korean church, whose typical preaching pattern has been propositional and rational.(82p)"

그런 점에서 한국의 상황신학으로서 민중신학의 관점은 한국의 사고 방식을 드러내며 전형적인 설교패턴이 명제적이고 합리적인 한국교회에서 설교 패러다임을 위한 필요를 제시하고 있다.(82p)

장신대학교 겸임교수인 이상학 목사는 현재 조직신학을 가르치고 있다. 연세대, 서울대학원, 장로회신학대학원, 버클리연합신학원(GTU)을 졸업하고, 포항제일교회를 거쳐서 현재 새문안교회 담임목사로 시무하고 있다. 이상학 목사의 박사논문(GTU, Ph.D)이 예장통합교단의 신학에 상당히 벗어났음이 드러났다. 기존의 그리스도의 구속을 한의 치유로 보는 것은 전통신학을 뒤엎는 것으로 이단신학이다.

05
이상학 교수

장신대학교 겸임교수인 이상학 목사는 현재 조직신학을 가르치고 있다. 연세대, 서울대학원, 장로회신학대학원, 버클리연합신학원(GTU)을 졸업하고, 포항제일교회를 거쳐서 현재 새문안교회 담임목사로 시무하고 있다.

조직신학 교수인 이상학 목사의 박사논문(GTU, Ph. D)이 예장통합 교단의 신학에 상당히 벗어났음이 드러났다. 기존의 그리스도의 구속을 한의 치유로 보는 것은 전통신학을 뒤엎는 것으로 이단신학이다. 예수 그리스도를 통한 구원론을 완전히 뒤집는 것이다. 새문안교회 당회는 이상학의 박사논문의 신학성을 장로회신학대학교가 아니라 교단의 신학교육위원회나 이단사이비대책위원회에 검증을 요청할 필요가 있다.

그리스도의 구속대신 한의 치유를 구원으로 보는 시각은 이단이기 때문이다. 박사학위 논문제목은 "한의 경험으로부터 구원과 죄악의 이해에 대한 재평가"이다. 그의 박사학위 논문은 기존의 구원에 대한 개념을 그리스도의 구속을 한의 치유로 대신하는 것이다. 그렇기 때문에 교리적으로 이단인 것이다.

Abstract (Summary)
by Lee, Sanghak, Ph.D., Graduate Theological Union, 2011, 247; 3486663

"Reclaiming the Understanding of Sin and Salvation from a Korean Experience of Han" (한의 경험으로부터 구원과 죄악의 이해에 대한 재평가)

Abstract

Reclaiming the Understanding of Sin and Salvation from a Korean Experience of *Han*

Sanghak Lee

From the Korean experience of *han*, Christian theology needs to change the primary model of sin from the forensic one, which is led by the dominant metaphor of guilt/debt, to the medicinal model, which is initiated by the dominant metaphor of wound/damage. Especially, as a dominant type of atonement in the Korean Protestant Church, the penal substitution theory of atonement has led to an overemphasis on the event of the crucifixion while overlooking the Christ event as a whole; it has distorted the proper positioning of atonement, redemption, and salvation in soteriology; and it has interpreted the cross as a retributive rather than a restorative event. As a result, it functions and even dysfunctions in a person experiencing *han*. This model falls short of being an effective model of salvation for people who are deeply wounded by radical suffering. Through the lens of metaphorical usage of sin, its primary metaphor in the victim is wound/damage which needs to be healed rather than forgiven. Based on the biblical tradition and the Greek (Eastern) theological tradition, the metaphor of healing in the discourse of salvation in the Bible is not merely one of many secondary metaphors. Rather, it is only when we rightly understand the semantics of healing in soteriology that the deeper meaning of Christian salvation is clearly revealed. On behalf of the salvation of all human beings, especially of those suffering from

From the Korean experience of han, Christian theology needs to change the primary model of sin from the forensic one, which is led by the dominant metaphor of guilt/debt, to the medicinal model, which is initiated by the dominant metaphor of wound/damage.

한인들의 한의 경험으로부터 기독론은 죄의 기본적인 모델을 변화시킬 필요가 있다.

즉 이상학 목사의 논문은 지금까지 죄악과 빚의 지배적인 비유(metaphor)였던 기독론의 법정의 모델에서 상처의 지배적인 비유에 의해서 주도된 치유의 모델로 변화될 필요가 있는 것이다.

이상학 목사는 "전통적인 속죄론이 십자가 처형사건을 지나치게 강조했다며 예수 십자가 사건을 약화시키고, 대신 십자가 사건은 한을 통하여 재해석되어야 한다"고 주장하고 있다.

Especially, as a dominant type of atonement in the Korean Protestant Church, the penal substitution theory of atonement has led to an overemphasis on the event of the crucifixion while overlooking the Christ event as a whole; it has distorted the proper positioning of atonement, redemption, and salvation in soteriology; and it has interpreted the cross as a retributive rather than a restorative event. As a result, it functions and even dysfunctions in a person experiencing han.

특히 한국 개신교에서 속죄의 지배적인 형태로서 속죄에 대한 형벌 대체이론은 전체적으로 그리스도 사건을 바라볼 때 십자가 처형사건에 대해 지나치게 강조했다. 속죄의 형벌 대체이론은 구원론에서 속죄, 구속, 구원의 적절한 위치를 왜곡시켰다. 그것은 십자가 사건을 회복적인 사건으로 보기 보다는 인과응보적 사건으로 해석했다. 결과적으로 십자가 사건은 한을 경험한 사람안에서 기능을 하고 심지어 역기능을 하기도 한다.

논문요약에 대한 내용은 기존의 구원론이 예수 그리스도의 피를 통한 속죄였다면 이상학 목사의 논문은 그리스도의 피를 통한 속죄개념 보다는 한의 치유를 통한 구원의 개념을 다시 제시한다.

이 목사는 자신의 논지를 위하여 해방신학자의 주창자 구스타보를 인용한다. 페이스북에는 주사파 신영복 선생을 인용했다. 이 목사는 논문의 목적은 "한의 경험으로부터 구원과 죄의 지배적인 비유의 타당성을 연구하는 것이다"라고 했다.

결론

해방신학자 구스타보는 신학이란 오늘의 언어로 하나님의 말씀을 표현하려고 시도하는 것이다. 신학의 작업이란 인간 경험의 특수한 구조로부터 옛것과 새것의 종교적인 언어를 중요하게 반영해야 한다. 이 논문의 마지막 목표는 구원의 살아있는 경험의 토대를 만드는 것이다.

이 논문의 목적은 한의 경험으로부터 구원과 죄의 지배적인 비유의 타당성을 연구하는 것이다. 즉 치유적인 관점으로부터 구원의 확실한 모델을 형성하기 위해 일부의 명제를 제안하는 것이다. 제기된 문제들은 단순하다. 지배적인 현재의 개신교 구원론이 한의 경험으로부터 잘 기능하는가?

이러한 질의에 대답하기 위해 이 논문은 기존의 구원과 죄악의 지배적인 비유를 변경시키는 중요성과 구원의 치유적인 관점의 건설적인 작업을 연구했다.

이 목사는 "신학이란 오늘의 언어로 하나님의 말씀을 표현하려고 시도하는 것"이라고 말한 해방신학자 구스타보의 글을 인용하면서까지 치유를 통한 새로운 신학의 구원론을 제시하고 있다.

Conclusion

Gustavo Gutiérrez said that "theology is the attempt to express the word of the Lord in the language of today."[580] The task of theology is a critical reflection on both an old and a new religious language from the particular fabric of human experience. Its final goal is to find a fountain of a new live experience of salvation.

The purpose of this dissertation was to investigate the appropriateness of the dominant metaphor of sin and salvation from the experience of *han*, and to suggest some propositions for formulating an authentic model of salvation from the therapeutic perspective. The question posed was simple: does the prevailing contemporary Protestant soteriology function well in Korea from the experience of *han*? In answering this question, this dissertation has examined both the significance of alternating the dominant metaphor (and thereby primary model) of sin and salvation and the constructive work of the therapeutic perspective of salvation.

Summary and Suggestions for Future Research

After introducing the term radical suffering and the Korean people's experience of *han* into theological anthropology, Chapter 1 argued for an urgent need to change the primary model of sin from the forensic one, which is led by the dominant metaphor of guilt/debt, to the medicinal model, which is initiated by the dominant metaphor of wound/damage. Contrary to some contemporary theologians who argue substituting the language of sin with other languages, I contended that the semantics of sin in the

[580] Gustavo Gutiérrez, *Essential writings*, edit. James B. Nickoloff(Minneapolis : Fortress Press, 1996), 32.

결론과 신학적 평가

탁지일 교수는 불륜가족을 통한 몰몬과 통일교의 가족 개념이 지상 하나님 왕국의 실현이라고 했다. 윤철호 교수는 진화를 통하여 하나님의 창조행위가 완성이 되고, 이상학 목사는 한의 치유를 통하여 하나님 나라의 실현이 이루어지는 것이다.

이상학 목사는 논문에서 개인의 정황을 근거로 하여 한의 치유를 통하여 전인적인 구원의 완성을 주장했다. 이것은 전통 기독론의 구속의 개념을 벗어나는 이단신학이다. 한은 구원의 수단이 될 수 없다. 그리스도의 십자가만이 인류를 죄악에서 구원할 수 있다. 한의 치유가 구원이 될 수 없는 것이다. 이상학 목사는 구속의 신학에 종교심리학을 끌어들인 것이다. 그에게 예수 그리스도의 십자가 구원의 신학은 새로운 한의 치유개념으로 대치해야 한다고 판단했다. 교단의 헌법(교리편)은 치유보다 구속의 예수를 주장한다.

3부 요리 문답

문 20. 하나님이 모든 인류가 죄와 비참한 상태에서 멸망하도록 버려 두셨습니까?

답 하나님께서 오직 그 선하신 뜻대로 영원 전부터 어떤 이들을 영생에로 택하셔서 은혜의 계약으로 들어가게 하셨습니다. 그것은 그들을 한 구속자에 의하여 죄와 비참의 상태에서 건져 내어 구원의 상태로 이끌어들이려는 것입니다. 엡 1 : 47, 딤전 1 : 1415, 딛 3 : 47, 롬 3 : 2022

대한예수교장로회 신앙고백서

제06장 [구원]

2. 인간의 구원은 하나님의 섭리에 따르는 은혜로써 이루어진다(창 15:6, 합 2:4, 롬 3:24, 6:23). 구약시대에 있어서의 인간은 하나님의 율법을 지키도록 명령을 받았으나 그 명령을 지키지 못했으므로 율법의 저주 아래 있게 되었다(창 2:16~17, 호 6:5, 갈 3:10). 때가 차매 그리스도가 오셔서 십자가를 통하여 율법의 권세를 소멸하고 하나님과 화목케 함으로써 구원의 길을 열어 주셨다. 그러므로 누구든지 그의 십자가의 공로를 믿으면 의롭게 되는 동시에 구원을 얻게 된다(요 3:16, 롬 3:23~24, 5:8).

제3장

장로회 카톨릭 신학교
&
장로회 몰트만 신학교

▲몰트만

장신대는 장로회 카톨릭 신학교로 명칭을 바꾸거나 장로회 몰트만 신학교로 명칭을 바꾸는 것을 고려해야 할 것이다. 장로회신학대학교는 칼빈의 개혁신학을 모토로 한 신학교이지만 무늬만 칼빈이고 내용은 카톨릭이거나 몰트만인 것으로 나타났다.

그야말로 죽은 신학의 사회가 된 것이다. 개혁신학은 죽었고 카톨릭과 몰트만 신학만 살아남았다. 장신대의 교표는 칼빈신학을 표방한다고 되어 있다. 'SOLI DEO GLORIA' 는 칼빈의 핵심사상이다.

학 훈 敬虔과 學問

PIETAS ET SCIENTIA

설립목적

본 대학교는 대한민국의 교육이념에 입각하여 대한 예수교장로회총회 직할하에서 성경적 신학에 기초하고 장로회신조와 헌법에 기준하여 교회의 지도자와 교역자 양성을 위한 고등교육을 실시함을 목적으로 한다.

교 표

1. 중심에 있는 등잔은 진리의 빛을 상징
2. 두 원은 한국과 세계를 상징
3. SOLI DEO GLORIA(오직 하나님께 영광)는 칼빈 사상의 핵심을 의미
4. 등잔밑의 1901은 본 대학교의 설립연도
5. 청색은 본 대학교의 무궁한 발전과 젊은 기상을 의미
6. PIETAS ET SCIENTIA(경건과 학문)는 본 대학교의 학훈을 표시

학교 요람에 의하면 복음의 실천은 "온 우주는 하나님의 영광이 펼쳐질 무대이다'라는 깔뱅의 고백과 같이 전우주를 포함한다"고 되어 있다.

● **복음의 실천**

본교가 추구하는 또 하나의 교육목표는 '복음의 실천' 이다. 예수 그리스도께서 선포하신 하나님 나라의 복음을 실천하는 것은 '경건의 훈련', '학문의 연마' 와 나란히 본 신학교육의 삼중적 목표에 속한다. '복음의 실천' 에 있어서 첫번째 차원은 예수그리스도의 복음을 믿지 않는 세계에 전하는 것이다. 이 하나님 나라 복음을 전함에 있어서 예수 그리스도를 알게 하고 그를 생명의 구주로 영접하게 하는 것은 대단히 중요하다. 왜냐하면 영생은 "유일하신 참 하나님과 그의 보내신 자 예수 그리스도를 아는 것"(요 17:3)이기 때문이다. 그런 까닭에 "민족 복음화와 세계 선교"는 본교의 대단히 중요한 교육목표이다. 그리고 이 교육목표의 달성은 세계를 위한 본교의 귀중한 헌신이 될 것이고, 본교는 만민의 생명을 살리는 하나님의 사역에 동참하는 영광을 안게 될 것이다.

본교의 교육목표인 '복음의 실천' 에 있어서 또 하나의 중요한 차원은 예수 그리스도께서 선포하신 하나님 나라의 복음으로 세계를 섬기는 일이다. '예수 그리스도께서 선포하신 하나님 나라의 복음으로 세계를 섬긴다' 는 말의 뜻은 하나님의 통치가 세계의 모든 영역에서 구현되도록 노력한다는 의미이다. 하나님 나라의 복음은 이미 시작되었으나 아직 완성되지 않은 종말론적 시간 속에서 살아가는 모든 그리스도인들로 하여금 그 나라의 확장과 완성에 동참할 것을 요청한다. 따라서 "예수 그리스도의 복음전파와 하나님 나라 구현"을 그 존립의 근거로 하는 신학교육은 단순한 지적 활동이나 개인적 차원의 영성만을 추구하는 것으로 완성될 수 없다. 그보다는 예수께서 성취하신 하나님 나라 복음을 구체적인 삶의 영역, 즉 가정과 학교, 그리고 사회와 국가에서 또한 정치와 경제, 사회와 문화, 교육과 예술 등의 영역에서 실천함으로써 하나님 나라의 확장에 참여함이 본교의 교육목표이다.

본교의 교육목표로서의 '복음의 실천' 이 이루어질 영역은 '온 우주는 하나님의 영광이 펼쳐 질 무대이다' 라는 깔뱅의 고백과 같이 전우주를 포함한다.

교표와 학훈과 복음의 실천은 모두 칼빈사상을 중심으로 형성되었다. 누가 보아도 칼빈의 개혁신학이 중심된 학교로 보인다. 그러나 무늬만 칼빈이고 내용은 중세의 로마 신학이다. 종교개혁이전의 시대로 간 것이다. 그러나 2015년 장신대 신학성명서는 개혁신학의 전통을 따른다고 되어 있다.

그러나 장신대가 개혁신학의 전통에 있을까? 로마와 몰트만 신학의 전통을 따르고 있는 것은 아닐까? 교수들의 논문을 보면서 살펴보자.

01
장로회 카톨릭 신학교

장로회신학대학교 교수들은 카톨릭신학을 앞다투어 표방하였다.

손은실 교수

서울대 불문과 출신으로서 장신대학원을 나오고 프랑스 소르본느 4대학에서 토마스 아퀴나스로 박사학위를 받은 손은실 교수는 장신대에서 개혁신학을 가르친 것이 아니라 중세의 카톨릭신학을 가르치고 글을 썼다.

조교수 손은실 (孫恩實), Son, Eun Sil

연구실 : 선교관203
연락처 : 02-450-0879
이메일 : eunsilson0113@hanmail.net

- 역사신학, Ph.D.
- 서울대학교 불어불문학과(B.A.)
- 장로회신학대학교 신학대학원(M.Div.)
- 장로회신학대학교 대학원(Th.M.)
- 프랑스 Université Paris IV Sorbonne(Ph.D.)

토마스 아퀴나스는 아리스토텔레스 철학을 토대로 하여 아우구스티누스와 안셀무스를 거쳐서 형성된 기독교 철학을 독창적으로 발전시킨 사람이다. 아퀴나스는 경험적 방법과 신학적 사변을 양립시켰고 그의 신학은 안셀무스의 영향을 받아 존재의 형이상학이었다. 그는 중세의 위대한 사상가이지만 신앙과 이성을 종합적으로 묶으면서 카톨릭의 신학을 정립하고 인간중심적 세속적인 근대사상의 토대를 닦기도 했다.

손 교수는 자신의 전공이 토마스 아퀴나스인 만큼 루터나 칼빈이 아니라 토마스 아퀴나스를 통하여 현세의 행복에 대한 답을 구하고 있다.

장신논단에 쓴 그의 논문을 보자.

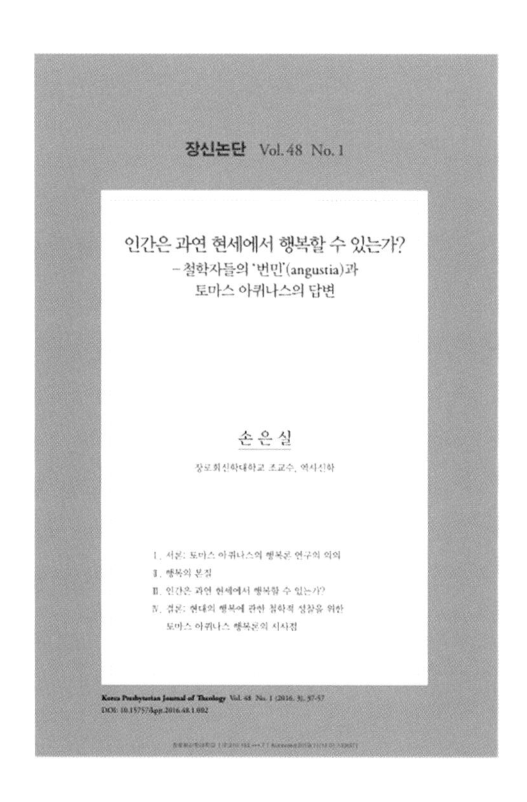
장신논단 Vol. 48 No. 1

인간은 과연 현세에서 행복할 수 있는가?
– 철학자들의 '번민'(angustia)과
토마스 아퀴나스의 답변

손은실

장로회신학대학교 조교수, 역사신학

Ⅰ. 서론: 토마스 아퀴나스의 행복론 연구의 의의
Ⅱ. 행복의 본질
Ⅲ. 인간은 과연 현세에서 행복할 수 있는가?
Ⅳ. 결론: 현대의 행복에 관한 철학적 성찰을 위한
토마스 아퀴나스 행복론의 시사점

Korea Presbyterian Journal of Theology Vol. 48 No. 1 (2016. 3). 37-57
DOI: 10.15757/kpjt.2016.48.1.002

손 교수 논문의 초록을 보자.

〈국문 초록〉

본고의 목표는 토마스 아퀴나스의 행복론을 연구하여 현대 한국사회에서 큰 관심을 불러일으키고 있는 행복에 대한 담론의 지평을 확장하고 그 깊이를 심화시키는 데 일조하는 것이다. 이를 위해 본고는 토마스의 행복론을 당대에 유행하던 아우구스티누스의 행복론과 아리스토텔레스와 그의 주석가들의 행복론과 비교하고, 토마스가 이 두 행복론을 어떤 방식으로 종합하는지를 밝힌다. 그는 한편으로는 히포의 주교를 따라 인간은 현세에서 완전한 행복에 도달할 수 없음을 논증한다. 다른 한편으로는 현세에서 행복을 추구한 아리스토텔레스의 행복개념을 '불완전한 행복'이라 명명하며 수용한다. 이와 같이 토마스는 철학적 행복개념과 그리스도교의 행복이해를 포괄함으로써 자연이성을 통해 탐구가능한 인간의 목적과 신앙을 통해 얻을 수 있는 초자연적 차원의 목적에 대한 논의를 함께 전개한다.

하지만 그는 인간의 궁극적 갈망과 목적에 대한 철학의 탐구는 결국 아포리아에 부딪힘을 논증하고 현세에서 행복을 추구했던 철학자들은 이로 인해 '번민'을 겪었음을 보여준다. 그리고 그는 이 번민에서 해방될 수 있는 길은 우리가 미래의 삶에서 하나님을 볼 것임을 지지하는 데 있다고 주장한다.

본고는 이성과 신앙을 통한 행복이해를 종합하면서, 이성적 탐구의 한계를 밝히고 그것을 초월하는 신앙을 통한 행복의 길이 무엇인지 제시하는 토마스 아퀴나스의 행복론의 핵심적인 내용을 논증적인 방식으로 소개한다. 이를 통해 본고는 현대 한국사회의 통속적인 행복이해와 계몽주의 시대 이래 이성적 차원에 매몰된 근현대철학의 행복개념에서 간과되어온 인간의 궁극적 목적의 영적이고 초자연적 차원을 보여준다.

본고의 목표는 토마스 아퀴나스의 행복론을 연구하여 현대 한국사회에서 큰 관심을 불러일으키고 있는 행복에 대한 담론의 지평을 확장하고 그 깊이를 심화시키는 데 일조하는 것이다. 이를 위해 본고는 토마스의 행복론을 당대에 유행하던 아우구스티누스의 행복론과 아리스토텔레스와 그의 주석가들의 행복론과 비교하고, 토마스가 이 두 행복론을 어떤 방식으로 종합하는지를 밝힌다.

그는 한편으로는 히포의 주교를 따라 인간은 현세에서 완전한 행복에 도달할 수 없음을 논증한다. 다른 한편으로는 현세에서 행복을 추구한 아리스토텔레스의 행복개념을 '불완전한 행복'이라 명명하며 수용한다. 이와 같이 토마스는 철학적 행복개념과 그리스도교의 행복이해를 포괄함으로써 자연이성을 통해 탐구가능한 인간의 목적과 신앙을 통해 얻을 수 있는 초자연적 차원의 목적에 대한 논의를 함께 전개한다.

하지만 그는 인간의 궁극적 갈망과 목적에 대한 철학의 탐구는 결국 아포리아에 부딪힘을 논증하고 현세에서 행복을 추구했던 철학자들은 이로 인해 '번민'을 겪었음을 보여준다. 그리고 그는 이 번민에서 해방될 수 있는 길은 우리가 미래의 삶에서 하나님을 볼 것임을 지지하는데 있다고 주장한다.

결론에서는 다음과 같이 말을 맺고 있다.

Ⅳ. 결론: 현대의 행복에 관한 철학적 성찰을 위한 토마스 아퀴나스 행복론의 시사점

인간의 영원한 화두인 행복개념은 긴 역사를 가지고 있다. 그 가운데서 본고에서 우리가 초점을 맞추어 살펴본 것은 중세시대의 신앙과 이성의 종합을 완성한 신학자로 평가받는 토마스 아퀴나스의 행복개념이다. 그의 행복개념을 통해 현대의 가장 일반적인 행복패러다임인 욕구-충족이라는 주관적 구성에서 간과되어 왔던 행복개념의 측면이 무엇인지 밝혀보려고 시도했다.

우선 그는 사람들이 통속적으로 추구하는 외적인 선들이 행복의 본질적 구성요소가 될 수 없음을 밝혔다. 물론 이것은 그만의 고유한 생각이 아니고 고중세 사상가들이 행복개념에 대해 철학적 반성을 할 때 일반적으로 주장한 것이다. 그리고 이것은 현대인들의 삶속에서도 쉽게 발견되는 것이다. 사람들은 아무리 세

손 교수는 토마스는 인간의 궁극적 갈망과 목적에 대한 철학의 탐구가 아포리아에 부딪힘을 보인 후 우리가 미래의 삶에서 하나님을 볼 것을 믿는다면 철학자들이 씨름했던 번민으로부터 해결될 수 있다고 주장한다. 이와같이 인간의 이성뿐만 아니라 신앙의 영적 차원을 포함하여 인간존재의 복합성을 고려한 토마스 아퀴나스의 행복이해는 계몽주의 시대 이래 이상적 차원에 매몰된 협소함과 한계를 넘어설 수 있는 단서를 보여준다는 것이다.

결론과 평가

손 교수가 경건과 학문을 추구하는 장신대 학자라면 카톨릭 사상가의 학문을 학생들에게 가르칠 것이 아니라 종교개혁자들의 경건과 학문의 틀안에서 카톨릭 신학자의 문제점이 무엇인지 비판을 하면서 학생들에게 가르쳐야 할 것이다. 손 교수는 '토마스 아퀴나스와 루터의 신 인식론의 비교' 에서도 손 교수는 결국 토마스 아퀴나스의 입장을 두둔한다.

"신앙과 이상의 위대한 종합을 이뤄냈던 토마스에게서도 영감의 원천을 발견하면서 신앙과 이성의 관계를 창조적으로 규명하는 신학작업이 계속 이어지기를 희망한다."

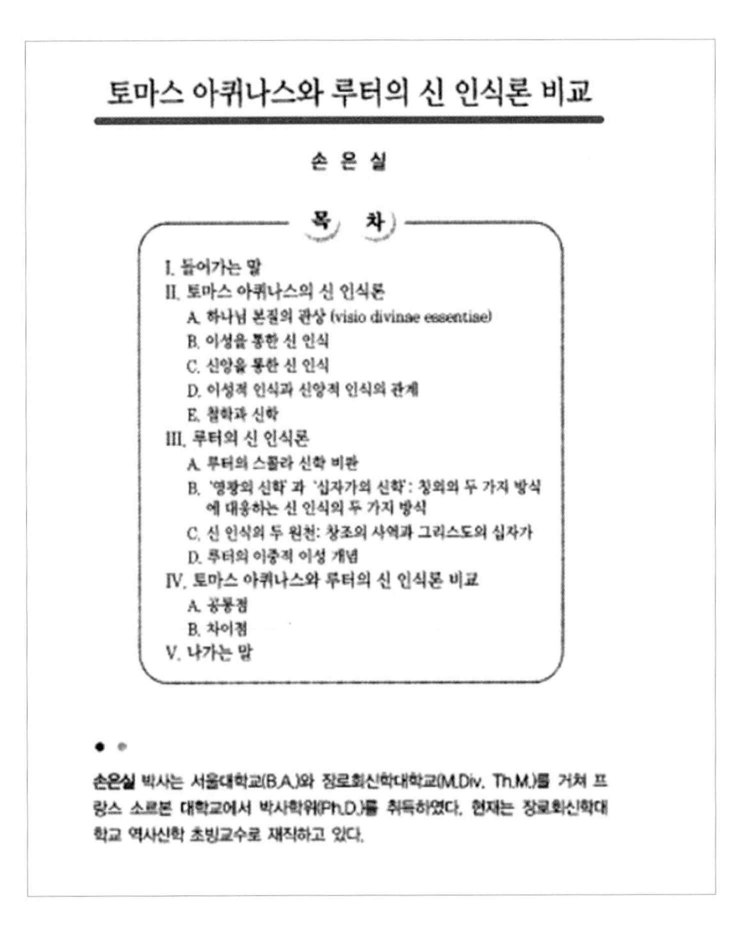

토마스 아퀴나스와 루터의 신 인식론 비교

손 은 실

목 차

손은실 박사는 서울대학교(B.A.)와 장로회신학대학교(M.Div. Th.M.)를 거쳐 프랑스 소르본 대학교에서 박사학위(Ph.D.)를 취득하였다. 현재는 장로회신학대학교 역사신학 초빙교수로 재직하고 있다.

학문의 자유는 경건과 학문 안에서의 자유이다. 즉 교단이 추구하는 신학 정책안에서, 교단의 신앙고백안에서의 자유를 추구해야 한다.

토마스 아퀴나스의 신학은 오직 믿음을 추구했던 종교개혁자들의 신학은 다르다. 그러나 손 교수의 논문에서는 토마스 아퀴나스에 대한 비판이 나오지를 않고 오히려 현세에서의 행복에 대한 답을 종교개혁자가 아니라 토마스 아퀴나스에게서 찾는다.

그의 다른 논문들도 장신대가 추구하는 경건과 학문과 상관이 없는 논문들이다. 장신대는 총회직영신학교로서 총회가 추구하는 장로교 목회자를 양성하는 기관이다. 그렇다면 토마스 아퀴나스를 전공한 교수가 토마스 아퀴나스의 신학사상을 가르친다면 이는 장신대 학생들을 카톨릭 사제로 만들려는 것이 아닌지에 대해 학교 측은 고민해야 할 것이다.

그의 다른 논문들을 보면 대부분이 중세 카톨릭이나 사제, 중세철학에 관한 논문이다. 대부분이 카톨릭신학대학원에서 사제양성을 위하여 필요한 내용들이다. 이러한 내용들이 장신대의 후원기금에 의해서 쓰여졌다. 그렇다면 장신대의 발전기금은 카톨릭을 연구하는데 쓰여져야 하는지 장신대 이사들은 직무유기를 한 것은 아닌지 책임을 져야 할 것이다.

학술저널 | 이용가능

인간은 과연 현세에서 행복할 수 있는가 : 철학자들의 '번민'(angustia)과 토마스 아퀴나스의 답변 — 이용수 **311**

손은실 | **장로회신학대학교 기독교사상과 문화연구원** | **장신논단** | **48(1)** | 2016.03 | 37 - 57 (21 pages) | KCI등재

...자들의 '번민'(angustia)과 토마스 아퀴나스의 답변 손 은 실 장로회신학대학교 조교수, 역사신학 Ⅰ. 서론: 토마스 아퀴나스의 행복론 연구...

다운로드 | 본문보기 | 북마크

학술저널 | 이용가능

라이문두스 룰루스의 『이방인과 세 현자의 책』에 나타난 종교간 대화의 기술 — 이용수 **111**

손은실 | **장로회신학대학교 기독교사상과 문화연구원** | **장신논단** | **46(2)** | 2014.06 | 61 - 87 (27 pages) | KCI등재

...의 『이방인과 세 현자의 책』에 나타난 종교간 대화의 기술 손 은 실 장로회신학대학교 기독교사상과문화연구원 학술연구교수, 역사신학 Ⅰ. 서 론 Ⅱ...

다운로드 | 본문보기 | 북마크

전문잡지 | 이용가능 | TOP 1%

중세 수도원의 빛과 그림자 : 수도회 변천의 큰 흐름 : 기원에서 13세기 탁발수도회까지 — 이용수 **1,125**

손은실 | **대한기독교서회** | **기독교사상** | 2015.03 | 12 - 21 (10 pages)

...수도회 변천의 큰 흐름 : 기원에서 13세기 탁발수도회까지 **손은실**_장로회신학대학교 교수 수도생활의 풍부한 영적 유산 재발견의 길로 초대하며 수도생활은...

다운로드 | 본문보기 | 북마크

학술저널 | 이용가능

"의문에서 탐구로, 탐구에서 진리로" : 아벨라르두스의 『비교토론』에 나타난 유대인과 철학자의 대화 — 이용수 **170**

손은실 | **서울대학교 철학사상연구소** | **철학사상** | 49 | 2013.08 | 25 - 52 (28 pages) | KCI등재

...) -아벨라르두스의 비교토론에 나타난 유대인과 철학자의 대화손 은 실 【주제분류】서양철학, 중세철학 【주요어】아벨라르두스, 유대교, 자연법, 종교...

다운로드 | 본문보기 | 북마크

학술저널 | 이용가능

"원대한 마음과 겸손은 양립가능한가?" : 아리스토텔레스 윤리학과 그리스도교 신앙의 충돌을 둘러싼 13세기 파리대학가의 논쟁 — 이용수 **270**

손은실 | **서울대학교 철학사상연구소** | **철학사상** | **51** | 2014.02 | 3 - 30 (28 pages) | KCI등재

다운로드 | 본문보기 | 북마크

학술저널

「이중진리론과 전제의 차이: 라틴 아베로에스주의자와 토마스 아퀴나스의 대립」에 대한 논평 — 이용수 **0**

손은실 | **대동철학회** | **대동철학** | **61** | 2012 | 169 - 173 (5 pages) | KCI등재

URL 링크 | 북마크

학술저널 | 이용가능

보에티우스 다치아의 『최고선에 관하여』 : 13세기의 신학적 행복론과 철학적 행복론의 충돌? — 이용수 **180**

손은실 | **서울대학교 철학사상연구소** | **철학사상** | **41** | 2011.08 | 307 - 345 (39 pages) | KCI등재

...관하여" -13세기의 신학적 행복론과 철학적 행복론의 충돌?손 은 실 【주제분류】서양철학, 중세철학 【주요어】행복, 라틴아베로에스주의, 보에티우스...

다운로드 | 본문보기 | 북마크

학술저널 | 이용가능

토마스 아퀴나스의 아리스토텔레스 주석 : 『니코마코스 윤리학 주석』을 중심으로 — 이용수 **242**

손은실 | **한국서양고전학회** | **서양고전학연구** | 28 | 2007.06 | 173 - 198 (26 pages) | KCI등재

...아리스토텔레스 주석 - 니코마코스 윤리학 주석 을 중심으로 **손은실**(서울대, 장신대) 【주요어】중세 주석, 토마스 아퀴나스, 아리스토텔레스, 철학, 신...

다운로드 | 본문보기 | 북마크

학술저널 | 이용가능

토마스 아퀴나스와 루터의 신 인식론 비교 — 이용수 **413**

손은실 | **장로회신학대학교 세계선교연구원** | **선교와 신학** | **25** | 2010.02 | 235 - 268 (34 pages) | KCI등재

...손 은 실 I. 들어가는 말 II. 토마스 아퀴나스의 신 인식론 A. 하나님 본질의 관...

다운로드 | 본문보기 | 북마크

오방식 교수

오방식 교수는 중세 카톨릭의 영성을 가르치는데 앞장섰다.

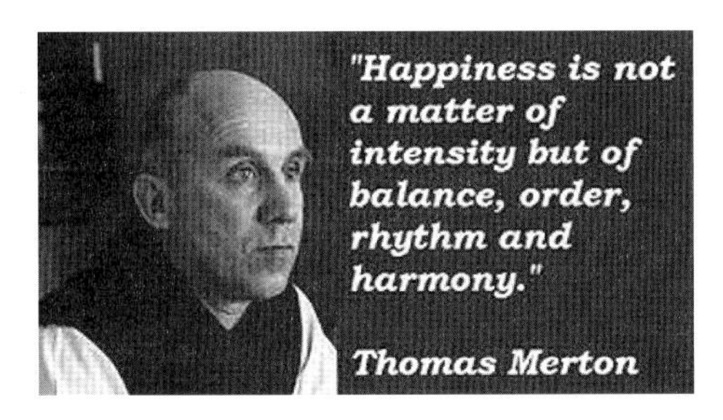

학술저널 이용가능
불완전함의 영성 - 헨리 나우웬을 중심으로
오방식 장로회신학대학교 기독교사상과 문화연구원 **장신논단** 52(5) 2020.12 233 - 260 (28 pages) KCI등재
논문보기 다운로드 북마크

학술저널 이용가능
리처드 백스터의 천상적 관상을 위한 묵상방법에 대한 연구
오방식 장로회신학대학교 기독교사상과 문화연구원 **장신논단** 51(5) 2019.12 303 - 327 (25 pages) KCI등재
논문보기 다운로드 북마크

학술저널
복음과 관상: 아빌라의 데레사의 「영혼의 성」에 대한 루쓰 버로우의 주해를 중심으로
오방식 한국실천신학회 **신학과 실천** 68 2020 197 - 229 (33 pages) KCI등재
URL 링크 북마크

학술저널
토마스 머튼의 영적지도에 대한 연구
오방식 한국실천신학회 **신학과 실천** 52 2016 393 - 420 (28 pages) KCI등재
URL 링크 북마크

학술저널
'사랑의 일치'의 관점에서 바라본손기철 장로의 치유사역
오방식 한국실천신학회 **신학과 실천** 49 2016 425 - 452 (28 pages) KCI등재
URL 링크 북마크

학술저널 이용가능
토마스 머튼의 영성과 신학의 관계에 대한 선의 영향
오방식 장로회신학대학교 기독교사상과 문화연구원 **장신논단** 46(4) 2014.12 171 - 196 (26 pages) KCI등재

박경수 교수

칼빈을 전공하였던 박경수 교수는 종교개혁지도 소개하였지만 중세의 수도원을 소개하는데 열심을 다했다. 그리고 수도원 영성에 대해 낭만적 영성을 갖는다고 했다.

수도원, 그 현장을 가다 06

산 마르코 수도원,
간절한 기도가 예술로 승화되다

박경수 장로회신학대학교 교수

산 마르코 수도원이 소속된 도미니크 수도회의 창시자에 대해 잠시 살펴보자. 스페인 출신인 도미니크(1170-1221)는 1194년경 사제 서품을 받아 오스마(Osma)의 주교좌 성당 참사회원이 되었다. 아우구스티누스 수도규칙을 따라 공동생활을 하는 성직자 공동체의 일원이 된 것이다. 도미니크는 1205년경 남부 프랑스에서 카타리파라 불리는 무리를 찾아 그들의 잘못된 가르침을 논박하고 교정하는 일에 앞장섰다. 카타리파는 초대교회 이단이었던 영지주의의 영향을 받아 이원론적인 교리를 주장하면서 12-13세기 남부 프랑스와 북부 이탈리아 지역을 중심으로 활동하던 분파였다. 프랑스 남부도시 알비에서 시작되었기 때문에 '알비

수도원, 그 현장을 가다 05

프란체스코 수도원, 영혼의 울림을 경험하는 곳

박경수 장로회신학대학교 교수

프란체스코가 죽은 지 채 2년도 지나지 않아 성인으로 시성되고, 시성식 다음 날 프란체스코 교회당이 건축되기 시작되었다는 것은 어떤 의미를 지닐까? 프란체스코의 전기에 식인늑대도 강아지처럼 다루고, 새들에게 설교하고, 기도로 오상의 흔적을 받는 등 유난히 전설 같은 이야기가 넘쳐나는 것은 그를 성인화함으로써 민중들을 더욱 로마가톨릭의 체제 안에 묶어두기 위함은 아니었을까? 어쩌면 이제는 지나친 성인화 작업으로 '만들어진' 성 프란체스코가 아니라 '역사적 프란체스코 연구'가 필요할지도 모르겠다. 정말 그가 어떤 꿈을 꾸었고, 어떤 삶을 살았으며, 어떤 죽음을 맞았는지를 보다 냉철하고 객관적으로 연구하여 밝히는 것이 프란체스코를 진정성 있게 오래 기억하는 방법일 것이다.

수도원, 그 현장을 가다 04

몬테카시노 수도원, 베네딕투스 수도회의 요람

박경수 장로회신학대학교 교수

매킨타이어는 『덕의 상실』 제일 마지막 문장에서 21세기를 이끌 "새로운-확실히 전혀 다른-베네딕투스"를 바라며 기다린다고 말한다. 드

레허 또한 우리를 향해 "하나님이 그분의 교회를 부흥시키고 능력을 주시기 위해 부르시는 새롭고 전혀 다른 베네딕투스가 어쩌면, 정말 어쩌면 당신일지도 모른다."라고 말하고 있다. 정말 그럴지도 모른다.

수도원, 그 현장을 가다 03

메테오라 수도원, 공중에 매달린 집

박경수 장로회신학대학교 교수

셨기 때문이리라. 메테오라의 수도사들은 참으로 존경할 만한 믿음의 선배들이지만, 나를 넘어 타인을 살리는 영성, 자신을 넘어 세상을 품고 살리는 영성이었더라면 하는 아쉬움이 남는 것 또한 사실이었다. 개인적 경건을 넘어 사회적 경건을 추구하는 것이 그리스도가 걸어가신 길을 올곧게 따르는 제자의 도리가 아닐까 생각해본다. 이제는 산 아래로 내려가야 할 때이다.

02
장로회 몰트만 신학교

장신대는 칼빈의 개혁신학을 위주로 하는 학교가 아니라 몰트만 신학이 주를 이루는 신학교이다. 조직신학자들이 칼빈보다 대부분이 몰트만을 연구하는 추세이다. 초기에 몰트만을 소개하는 것은 학자들의 도리이다. 그러나 몰트만에 머물러서는 안 되는 것이다. 후학들은 몰트만에 머무르지 말고 알트만으로 가야 한다. 그러나 불행하게도 장신대 신학은 지금까지 칼빈, 몰트만에서 한 걸음도 벗어나지 못한다. 그렇다면 장신의 신학은 무엇인가?

김명용 교수

학술저널 | 이용가능

몰트만(J. Moltmann)의 영성신학

김명용 | 장로회신학대학교 기독교사상과 문화연구원 | **장신논단** | 18 | 2002.12 | 249 - 275 (27 pages) | KCI등재

논문보기 | 다운로드 | 북마크

학술저널 | 이용가능 | TOP 10%

몰트만(J. Moltmann)의 종말론

김명용 | 장로회신학대학교 기독교사상과 문화연구원 | **장신논단** | 22 | 2004.12 | 127 - 149 (23 pages) | KCI등재

논문보기 | 다운로드 | 북마크

학술저널 | 이용가능 | TOP 5%

몰트만(J. Moltmann)의 삼위일체론

김명용 | 장로회신학대학교 기독교사상과 문화연구원 | **장신논단** | 17 | 2001.12 | 107 - 129 (23 pages) | KCI등재

논문보기 | 다운로드 | 북마크

학술저널 | 이용가능 | TOP 10%

몰트만(J. Moltmann) 신학의 공헌과 논쟁점

김명용 | 장로회신학대학교 기독교사상과 문화연구원 | **장신논단** | 20 | 2003.12 | 115 - 137 (23 pages) | KCI등재

논문보기 | 다운로드 | 북마크

김도훈 교수

학술저널 | 이용가능

몰트만 신학에 나타난 신학의 개념 및 과제

김도훈 | 장로회신학대학교 기독교사상과 문화연구원 | **장신논단** | 18 | 2002.12 | 333 - 353 (21 pages) | KCI등재

논문보기 | 다운로드 | 북마크

학술저널 | 이용가능

몰트만 그리스도론의 방법론적 특성

김도훈 | 장로회신학대학교 기독교사상과 문화연구원 | **장신논단** | 21 | 2004.06 | 213 - 235 (23 pages) | KCI등재

논문보기 | 다운로드 | 북마크

학술저널 | 이용가능

몰트만 신학방법론의 구조와 특성

신옥수 | 장로회신학대학교 기독교사상과 문화연구원 | **장신논단** | 43 | 2011.12 | 107 - 131 (25 pages) | KCI등재

논문보기 | 다운로드 | 북마크

신옥수 교수

학술저널 이용가능
몰트만(J. Moltmann)의 부활 이해: 통전적 성격을 중심으로
신옥수 장로회신학대학교 세계선교연구원 **선교와 신학** 50 2020.02 293 - 322 (30 pages) KCI등재
논문보기 다운로드 북마크

학술저널
한국에서 몰트만의 수용과 이해
신옥수 한국조직신학회 **한국조직신학논총** 35 2013 189 - 222 (34 pages) KCI등재
URL 링크 북마크

학술저널 이용가능 TOP 5%
몰트만의 통전적 구원론
신옥수 한국기독교학회 **한국기독교신학논총** 95(1) 2015.01 127 - 154 (28 pages) KCI등재
논문보기 다운로드 북마크

그러면 장로회 신조와 헌법은 무엇인가? 그것은 카톨릭이나 몰트만 신학이 아니라 개혁신학의 고백이다.

> "우리 한국교회는 이상과 같은 세계사적 도전과 이 시대의 징조들을 바로 읽고, 우리의 신앙과 신학의 방향을 가늠해야 할 것이다. 선교 제2세기에 돌입하고 있으며, 한국장로교회가 복음전도와 하나님의 선교를 위하여 하나를 지향하고 있는 상황에서, 우리 대한예수교장로회는 우리 자신의 정체성을 확실히 하면서 다른 장로교회들과의 일치운동은 물론, 다른 교회들과도 일치 연합하는 운동에 적극 참여하여 이 시대가 요구하는 복음전도와 하나님의 선교(missio Dei)에 정진해야 할 것이다."

물론 우리는 사도신경 이외에 이미 12신조(1907), 웨스트민스터 소요리문답 및 웨스트민스터 신앙고백(1647)을 사용해 오고 있고, 1986년엔 우리 나름대로 '대한예수교장로회 신앙고백서' 를 손수 만들었다. 그러나 새 술은 새 가죽 부대를 요구한다.

교육목표는 토마스 아퀴나스 고백인가? 토마스 머튼의 고백인가, 아니면 몰트만의 고백인가? 교육의 목표는 '온 우주는 하나님의 영광이 펼쳐질 무대' 라는 칼빈의 고백이다.

> 본교의 교육목표로서의 '복음의 실천' 이 이루어질 영역은 '온 우주는 하나님의 영광이 펼쳐 질 무대이다' 라는 깔뱅의 고백과 같이 전우주를 포함한다.

결론적으로 보았을 때 장신대는 경건의 훈련, 학문의 연마, 복음의 실천이 아니라 카톨릭 영성의 훈련, 카톨릭 신학의 연마. 카톨릭 영성의 실천이다.

일부 교수들은 창조론 대신 창조적 진화론이라 하여 진화론을 주장하고, 남녀평등보다는 페미니즘을 지지하고, 개혁신학보다는 카톨릭 신학과 몰트만 신학을 이식하려고 하고, 복음보다는 동양철학에서 대안을 찾으려 하고, 기도원 영성보다 수도원 영성을 추구하고, 한경직이나 이종성, 이상근 보다 몰트만에 집착하고, 우리 문화와 영성에 맞는 것을 찾거나 창조적 개혁신학을 하기보다는 서구의 학자 신학을 이식하기에 몰두하고 있다. 우리 실정에 맞는 창조적 개혁신학이나 창조적 개신교 영성은 없는 것이다.

외국에서의 박사학위가 개혁신학과 성경의 정신을 이미 넘어선 지 오래이다. 신학의 세속화, 신학의 현대화, 신학의 중세화로 가고 있다. 그러다 보니 동성애 옹호, 장로교치리회 정신의 쇠퇴, 반개혁신학이 학문의 이름으로 춤을 추고 있다.

알트만 신학

우리는 우리의 상황을 잘 반영하고 잘 아는 '알트만 신학' 이 필요하다. 불행하게도 몰트만의 상황신학도 모르는 '모르트만 신학' 만 가르치고 있다. 이제 몰트만 교수의 보편성이 아니라 제2차 세계대전 당시 특수한 독일의 상황을 반영하여 신학적 이론을 구성한 알트만 신학의 상황성, 신학의 특수성에 관심을 두어야 한다.

몰트만 신학은 위대하지만 몰트만 신학을 우리의 상황에 재해석하지 않고 무조건 이식하려고만 하는 교수들은 몰트만 신학이 아니라 '모르트만 신학' 을 하고 있는 것이다. 그들은 우리의 상항을 잘 알고 신학에 반영하는 알트만 신학 이론을 구성하는데 실패했다.

신학을 보편화시키려는 것은 보편성을 신학으로 주장하는 카톨릭으로 가려는 것이다. 장신대 교수들은 특수한 신학을 만드는데 실패하였기 때문에 중세의 보편신학이었던 카톨릭신학, 종교개혁시대의 보편신학이었던 개혁신학에 머물고 있다. 루터와 칼빈의 신학은 당시의 보편신학이었던 카톨릭 신학을 특수화한 것이다.

장신대는 종교개혁시대의 보편신학을 우리시대에 특수화하는데 실패했다. 통전적 신학은 일종의 보편신학으로 신학이 아니다. 신학은 그 시대의 특수성과 상황성을 반영하는 상황신학이어야 한다. 그러나 불행하게도 장신대는 종교개혁시대의 보편신학만 소개하는데 그치고, 우리시대에 맞는 특수신학을 만드는데 실패한 것이다.

중세의 보편신학을 상황신학이라고 생각하고 중세의 암흑신학으로 나가는 것은 난센스다. 중세와 카톨릭 신학, 종교개혁시대의 신학은 과거의 유물이다. 이미 보편신학이 되어버린 것이다. 몰트만 신학 역시 이미 세계적으로 보편신학이 되었다. 몰트만은 제2차 세계대전 이후 당시의 상황을 반영하여 쓴 상황신학이다. 그러나 우리는 몰트만 신학을 우리상황에 맞게 재해석하지 못하고 몰트만의 보편신학을 소개하는데만 머물고 있다. 즉 우리상황을 알고 신학화하는 알트만 신학이 없는 것이다.

중세 카톨릭의 실패는 신을 보편화시켰기 때문이다. 신은 모든 사람의 상황에 가장 적절하게 작용하는 특수성을 갖고 있는데 특수성을 져버리고 사제들만의 신이라는 보편성만 주장한 것이다. 특정교회도 교단의 보편성만 갖고 접근할 것이 아니라 그 교회의 특수성을 인정해야 한다.

루터의 신학은 보편 신학이 아니라 특수 신학

루터의 종교개혁은 중세신학의 보편성이 아니라 만인제사장설이라는 특수성에서 비롯되었던 것이다. 보편화 된 사제가 아니라 민중들의 각각의 특수한 상황을 중시한 특수신학을 주장한 것이다. 신은 모든 이에게 그들의 다양하고 특수한 상황에 따라 특수하게 작용한다. 그런데 중세는 보편신학만 하고 있었다.

현재 예장통합 교단과 장신대는 신의 특수성을 몰각하고 중세처럼 보편화된 신학만 주장하고 있다. 독일에서는 몰트만 신학, 스위스에서 칼빈신학은 모두 당시의 상황을 반영한 특수신학이었다.

학자들은 스위스와 독일의 상황신학을 억지로 우리의 현실에 반영하고 이식만 하려고 하고 있다. 칼빈과 몰트만의 신학을 보편화시키는데 성공하였다. 그러다 보니 신학의 보편성에만 머물고 신학의 상황성, 신학의 특수성으로 나아가지 못하고 있다. 학자들은 한반도에서 개혁적 한국신학, 개혁적 상황신학, 개혁적 특수신학을 체계화하는데 실패했기 때문이다.

손양원의 사랑의 원자탄 신학, 주기철의 순교 신학, 한경직의 헌신 신학, 고영근의 저항 신학, 민중들의 주변 신학, 호남의 항전 신학, 영남의 보릿고개 신학, '잘살아 보세 신학', 부산의 국제시장 신학 등 우리의 삶을 반영한 신학 하나 없다. 그나마 김명용 교수의 '온신학' 이 있지만 신학은 상황성, 특수성이 있어야 한다. 통합교단 이종성의 통전적 신학, 중도신학, 온신학은 특성이 없다. 보다 특수화, 상황화 해야 한다.

호남에는 미장로교출신 선교사들이 동학의 상황에 찾아와서 복음을 전한 남장로교의 특수 신학이 있고, 영남과 이북에는 북장로교의 특수 신학이 있다. 그들은 우리의 삶속에서 신학화하였다. 그들은 우리의 상황과 문화속에서 작용하는 장로교신학을 실천하였다. 그들이 칼빈만 중시하였더라면 그들은 복음을 전하는데 실패하였을 것이다. 미국선교사들은 자신들이 배운 신학을 한반도에서 재해석하여 복음을 전하였다.

합동은 교조주의, 통합은 보편주의, 모두 개혁신학으로 상황화하는데 실패

합동은 칼빈의 보편신학만 주장한 나머지, 칼빈의 특수신학을 상황화하는데 실패함으로 칼빈의 문자신학과 교리신학에서 벗어나지 못하여 근본주의적 교조주의로 가고, 자신들과 조금만 다르면 이단으로 정죄하였다. 근본주의 신학에 머문 사람들은 말 한마디, 설교 한 두 문장만 실수해도 이단으로 정죄한 바리새신학으로 전락했다.

칼빈신학의 특수성보다는 보편성만을 추구한 나머지, 특수적 상황에서 나온 설교언어까지 이단시하는 상황이 벌어지고 타 교단 사람들까지 이단으로 정죄하는 상황이 발생하고 심지어는 자신들끼리 이단이라고 서로 비판하곤 하였다. 이단 감별사들은 중세의 기독론적인 보편 상황의 잣대를 갖고서 우리의 특수 상황에까지 적용하는 것이다. 특수와 보편을 구분하는데 실패했던 것이다.

통합교단 신학자들의 문제는 우리의 현재 상황을 몰각하여 특수 상황신학을 만들어내지 못하고 서구의 보편신학으로만 가고 있다 보니 보편적 시각으로 특수성을 몰각하는 우를 범하는 것이다. 장로교단의 이단사이비대책위원회는 장로교의 보편신학만 주장한 나머지 타 교단의 특수한 신학을 무시하고 모두 이단으로 정죄하는 것이다. 이는 타 교단의 특수성을 무시한 채 대형교단 교리의 보편성을 주장하는 일반화의 오류이다. 일반화의 오류는 특수성을 무시하게 된다.

영남에는 유교성을 띤 유교적 신학이 있고, 호남에는 저항정신을 토대로 하는 저항적 신학이 있다. 영남의 시각으로 호남을 판단할 수 없듯이, 호남의 시각으로만 영남을 판단할 수 없는 것과 마찬가지이다. 그러나 하나의 보편신학 신학으로 동일하게 취급하였다. 지역의 특수성을 인정하지 않은 것이다.

보편신학에만 머문 장신대 교수들

현 장신의 문제는 각 지역과 한반도라는 상황의 특수성을 져버리고 독일과 스위스의 보편신학만 계속 이식하려고 하고 있는데 있다. 몰트만 신학과 카톨릭 신학으로 계속 가려는 이유는 알트만 신학과 신학의 특수성을 형성하는데 실패했기 때문이다. 이는 교수들의 직무유기이다. 알트만 신학에 실패하자 몰트만 신학만 암송하듯이 외치는 것이다.

예장통합 교단은 우리의 삶을 반영한 우리의 특수신학이 있어야 한다. 카톨릭과 몰트만 신학은 보편화된 신학이다. 우리는 우리의 삶을 반영한 개혁주의적 특수 상황신학이 필요하다.

장신대는 산 신학(알트만)의 사회로 가야

위기는 오히려 기회이다. 지금은 개혁신학의 전통을 따라 우리의 현실을 반영한 창조적 알트만 신학이 필요할 때이다.

장신대는 서구의 신학만 흉내내는 더이상 죽은 신학의 사회로 가지 말고 한국의 상황을

잘 대변하는 개혁적 특수 상황신학을 구축하여 산 신학의 사회로 가야 하지 않을까? 그것이 산 신학의 사회에 사는 것이다.

제4장

직영신학대
교수들의 논문

부산장신대학교 탁지일 교수는

장신대, 샌프란시스코신학대학원, 캐나다 미카엘대학원(카톨릭학교)에서 공부하여 박사학위를 받았다. 그러나 그의 논문을 보면 통일교옹호논문이다. 그는 논문 첫 장에 성경의 요절대신 통일교의 원리강론을 맨 앞에 쓴다.

01
탁지일 교수

부산장신대 탁지일 교수는 장신대, 샌프란시스코신학대학원, 캐나다 미카엘대학원(카톨릭학교)에서 공부하여 박사학위를 받았다.

탁지일

- 전공　교회사(교수)
- 전화　055-320-2534
- 메일　jiiltark@hanmail.net

학력

- 장로회신학대학교 신학과 (ThB)
- 연세대학교 대학원 신학과 (ThM, 한국교회사)
- 미국 San Francisco 신학대학원/GTU (Joint MDiv/MA, Historical Studies)
- 캐나다 토론토대학교 St. Michael's College (PhD, History of Christianity)

그러나 그의 논문을 보면 통일교 옹호논문이다. 그는 논문 첫 장에 성경의 요절대신 통일교의 원리강론을 맨 앞에 썼다.

Establishing the Kingdom of God on Earth
Transitions in the Family-Centred Beliefs and Practices of
The Church of Jesus Christ of Latter-day Saints and
The Unification Church,
1945-1997

by

Ji-il Tark

Accordingly, at the Second Advent, Christ is again responsible to build the Kingdom of Heaven on earth and there become the True Parent and king of all humanity. This is another reason why, as at his First Coming, Christ at his Second Coming must be born on the earth.... We can thus infer that the nation which will inherit the work of God and bear its fruit for the sake of the Second Advent is in the East.... *Korea*, then, is the nation in the East where Christ will return.

The *Divine Principle* of the Unification Church

"그리스도가 재림하시면, 그는 하늘 왕국을 지상 위에 세울 것이며, 참부모는 모든 인류의 왕이 될 것이다. 따라서 그리스도의 초림 때처럼, 재림주는 반드시 지상에서 태어나야 한다.....재림을 위해 하나님의 유업을 받고 열매를 맺을 나라는....한국이며, 이것이 그리스도가 재림하실 동방인 것이다." (탁지일 측 번역)

그리스도가 재림하시면, 그는 하늘 왕국을 지상 위에 세울 것이며, 참부모는 모든 인류의 왕이 될 것이다. 따라서 그리스도의 초림 때처럼, 재림주는 반드시 지상에서 태어나야 한다.... 재림을 위해 하나님의 유업을 받고 열매를 맺을 나라는... 한국이며, 이곳이 그리스도가 재림하실 동방인 것이다.

통일교의 『원리강론』

이처럼 그의 논문은 성경이 아니라 통일교의 교리부터 시작이 된다.
그의 박사학위에서는 한 줄도 비판없이 인용하여 문선명의 한국재림을 정당화하고 있다.

"따라서, 재림시, 예수는 다시 지상에 하나님의 왕국을 세울 책임이 있고, 거기서 진정한 부모와 모든 인류의 왕이 될 것이다. 이것은 예수가 첫번째 오신 이후 다시 지상에 태어나야 하는 또 하나의 이유이기도 하다."

"Accordingly, at the Second Advant, Christ is again responsible to build the kingdom of Heaven on earth and there become the True Parent and king of all humanity. This is another reason why, as at his First Coming, Christ at his Second Coming must be born on the earth."

Jesus was originally supposed to restore the Kingdom of Heaven on earth. He was to become the True Parent of restored humanity and the king of God's earthly kingdom (Isaiah 9:6, Luke 1:31-33). However, due to the people's disbelief, he could not accomplish this original Will of God, but went to the cross promising to return at a later time and surely fulfill it. Accordingly, at the Second Advent, Christ is again responsible to build the Kingdom of Heaven on earth and there become the True Parent and king of all humanity. This is another reason why, as at his First Coming, Christ at his Second Coming must be born on the earth.[21]

[18] Ibid., 353.

[19] Ibid., 375.

[20] Ibid.

[21] Ibid., 392. To clarify Moon's original intentions on the kingdom of God on earth and the family, in the following chapters, I will be quoting Moon's statements written or presented in Korean. "따라서 그가 재림하시어서도 초림 때의 사명이었던 지상천국을 이루시고, 거기에서 인류의 참 부모가 되시고 또 왕이 되셔야 하는 것이다." Sun Myung Moon, *원리강론 (Divine Principle)* (서울: 성화출판사, 1966), 490.

문선명 존경 논문

교단에서 이단으로 규정된 사람에 대해서 '존경하는 문' 이라고 존칭을 사용한다. 'Reverend Moon' 은 '존경하는 문선명 교주님'으로 해석될 수 있다.

그런데다가 학술진흥재단에 제출한 논문에 의하면 문선명과 관련된 내용은 모두 활자체를 크게 하여 문선명을 존경하는 모습을 드러낸다. 이는 통일교와 타협했을 가능성이 큰 논문이다. '존경하는 문선명' (REVERAND MOON))이라는 표현은 정상적인 기독교인이라면 할 수 없을 것이다. 그런데다가 문선명과 관련한 모든 내용은 활자체를 크게 한다. 이는 문선명을 존경하는 형식을 취하고 있다는 표시이다.

> "일제통치말엽에 문선명은 다른 기독교인들을 접촉해서 지상에 하나님의 왕국을 세우기 위해 그들과 함께 일을 했다. 미국기독교선교사들은 이러한 젊은 선생의 말을 들었고, 그를 지방설교가로서 무시했다. 그들 회원과 함께 한 한 젊은이의 호소에 시기하는 한국목사들은 문선명을 거절했고 잘못된 교리를 가르친다고 그를 비난했다. 기독교교회들은 문선명을 수용하는데 실패했고, 존경하는 문선명(REVERAND MOON)은 개척자의 외로운 길을 걸어가야 한다고 깨달았다."

WITH THE END OF JAPANESE RULE, HE [SUN MYUNG MOON] CONTACTED OTHER CHRISTIANS AND OFFERED TO WORK WITH THEM TO BUILD GOD'S KINGDOM ON THE EARTH. AMERICAN CHRISTIAN MISSIONARIES HAD ALSO HEARD OF THIS YOUNG TEACHER, AND DISREGARDED HIM AS A "COUNTRY PREACHER." KOREAN MINISTERS, JEALOUS OF THE YOUNG MAN'S APPEAL WITH THEIR MEMBERS, REJECTED HIM AND ACCUSED HIM OF ESPOUSING FALSE TEACHINGS. BECAUSE THE CHRISTIAN CHURCHES FAILED TO EMBRACE HIM, REVEREND MOON REALIZED THAT HE WOULD HAVE TO WALK THE LONELY PATH OF A PIONEER.[147]

In addition to religious tension, Moon also experienced socio-political tension with the communists in North Korea. After he made his teachings public, he was first imprisoned in November 1946, then was arrested again in April 1948 and sentenced to five years of hard labour in a concentration camp in Hŭng Nam.

그는 문선명과 한학자를 메시야이자 진정한 부모라고 하면서 전혀 비판하지 않고 오히려 문선명과 한학자에 대한 글은 활자체를 다른 어떤 글보다 크게 하면서 존경의 마음을 드러내고 있다.

"문선명의 선언은 통일교의 잘 조직된 진정한 부모중심적 행정시스템에 의하여 장려되었다. 이러한 시스템은 수직적으로 진정한 부모에 촛점을 두었고, 또한 수평적으로는 세계평화통일가족연맹의 수많은 보조적인 기구와 관련이 있었다. 먼저 지상에 하나님나라를 세운다는 모든 계획은 기독교지도자들인 진정한 부모, 문선명과 한학자에 의해 권한이 주어지는 것이다. 캐나다 토론토에서 '모든 인류의 생애를 위한 길'이라는 연설에서 문선명과 한학자는 메시야와 함께 있는 진정한 부모의 위치에 대해서 설명했다. 하나님은 인간을 만들어서 선한 부모의 자식들이 되게 하고 그와 함께 하나가 되게끔 중심역할을 하신다."

regarding the practice of polygamy and the racial ethnic variety of priesthood by issuing two important official declarations (one in 1890 and the other in 1978). Under the supervision of the general authorities-centred administrative system, LDS Church members have been urged to follow these declarations, and, accordingly, the tensions accompanying them have been carefully managed.[180]

2. True Parents

THE PROCLAMATIONS OF SUN MYUNG MOON HAVE ALSO BEEN PROMOTED BY THE WELL-ORGANIZED TRUE PARENTS-CENTRED ADMINISTRATIVE SYSTEM OF THE UNIFICATION CHURCH. THE SYSTEM IS VERTICALLY FOCUSED ON THE TRUE PARENTS AND ALSO HORIZONTALLY RELATED TO NUMEROUS SUBSIDIARY ORGANIZATIONS OF THE FAMILY FEDERATION FOR WORLD PEACE AND UNIFICATION (FFWPU).

FIRST, ALL THE PLANS FOR THE ESTABLISHMENT OF THE KINGDOM OF GOD ON EARTH ARE INITIATED AND EMPOWERED BY THE CHARISMATIC LEADERS, THE TRUE PARENTS, SUN MYUNG MOON AND HAK JA HAN MOON. IN HER ADDRESS GIVEN IN TORONTO, CANADA, UNDER THE TITLE OF "THE PATH OF LIFE FOR ALL HUMANKIND," HAK JAN HAN MOON EXPLAINED THE POSITION OF TRUE PARENTS, WHO TOGETHER ARE THE MESSIAH.[181]

GOD IS TRYING TO MAKE HUMAN BEINGS BECOME CHILDREN OF THE PARENTS OF GOODNESS, CENTERING ON LOVE THAT IS ONE WITH HIM.

WITH THE END OF JAPANESE RULE, HE [SUN MYUNG MOON] CONTACTED OTHER CHRISTIANS AND OFFERED TO WORK WITH THEM TO BUILD GOD'S KINGDOM ON THE EARTH. AMERICAN CHRISTIAN MISSIONARIES HAD ALSO HEARD OF THIS YOUNG TEACHER, AND DISREGARDED HIM AS A "COUNTRY PREACHER." KOREAN MINISTERS, JEALOUS OF THE YOUNG MAN'S APPEAL WITH THEIR MEMBERS, REJECTED HIM AND ACCUSED HIM OF ESPOUSING FALSE TEACHINGS. BECAUSE THE CHRISTIAN CHURCHES FAILED TO EMBRACE HIM, REVEREND MOON REALIZED THAT HE WOULD HAVE TO WALK THE LONELY PATH OF A PIONEER.[147]

In addition to religious tension, Moon also experienced socio-political tension with the communists in North Korea. After he made his teachings public, he was first imprisoned in November 1946, then was arrested again in April 1948 and sentenced to five years of hard labour in a concentration camp in Hŭng Nam. Following the outbreak of the Korean War on June 25, 1950, Moon was liberated by United Nations forces in October. After being released from prison, Moon fled to the south and officially organized the Holy Spirit Association for the Unification of World Christianity (hereafter, HAS-UWC) in Seoul, Korea, on May 1, 1954.

Moon sent his first missionary to Japan in 1958, and then another to the United States in 1959.[148] Moon himself first stepped on United States soil in 1965. At the beginning of his mission in the United States, Moon gained positive

---

[147] The Holy Spirit Association for the Unification of World Christianity, *The Healing of the World: An Introduction to the Life and Teachings of Sun Myung Moon* (New York: The Holy Spirit Association for the Unification of World Christianity, 1994), 19.

[148] Young Oon Kim, who was expelled from Ewha Women's University, Seoul, arrived in the United States in 1959.

66

법원도 활자체를 크게 하였다고 인정하였다.

다. 판단

1) 갑 제3호증의 기재에 의하면, 피고가 이 사건 기사에서 '이 사건 논문은 문선명에 관련된 글만 유독 활자를 크고 진하게 하며 다른 문장보다 부각시킨다'는 취지의 내용을 기재한 사실은 인정된다. 그러나 갑 제4호증의 10, 제8호증, 을 제26호증의 각 기재에 변론 전체의 취지를 종합하면, 피고는 한국교육학술정보원(RISS)의 데이터베이스에 등재된 이 사건 논문의 PDF파일을 열람한 후 이 사건 기사를 작성한 사실, 위 PDF파일 중 '문선명(Sun Myung Moon)' 관련 부분은 다른 부분의 글씨에 비하여 크고 굵게 표기되어 있으며, 이탤릭체로 표시된 곳도 있는 사실을 알 수 있는바, 앞서 본 사실만으로는 피고가 이 사건 논문의 형식, 구성방식 등에 관하여 허위사실을 적시하였다고 할 수 없다.

동부지법 2016가합106245

바. 『2017고단419』

피고인이 영문 저서를 직접 읽어보지 않은 상태에서 섣불리 고소인 탁지일에 대한 의혹을 제기한 측면이 없지 않으나, 공적인 존재에 대한 비판적인 의견을 표현하는 것은 언론 본연의 기능에 속하는 것이므로 원칙적으로 위법하다고 볼 수 없고, 기독교 신앙인 겸 언론인의 관점에서 피고인이 한 고소인에 대한 의혹제기는 공적 관심사안으로서 그 사회적 책임에 비례하여 상대적으로 넓게 허용될 필요가 있는 점, 피고인이 기사를 게재한 인터넷 기독교신문을 읽는 독자는 대부분 기독교인들로서, 고소인의 부친이 한 이단 연구활동 관련하여 통일교 관련 연구자금 수수의혹이 있었던 적이 있었던 만큼, 그 아들인 탁지일이 대를 이어 진행하고 있는 연구성과 또한 이들의 공적 관심의 대상사안이라 볼 여지도 있는 점, 고소인은 부산장신대 교수로서 교단이단대책위

평가 및 결론

결론적으로 통일교와 몰몬의 가족이 하나님 나라를 세운다고 하는 공동체라고 하며 불륜가족사상에 대해 한 문장도 비판하지 않았다. 문선명의 사생활에 대한 언급만 할 뿐이었다. 그의 논문 내용을 보면 청심대학원이나 선문대학원에서 나온 논문과 별 차이가 없음을 느끼게 될 것이다. 문선명에 대한 활자체 크기를 확장하는 것도 김일성과 김정일의 활자체를 크게 하는 북한 교과서와 다를 바 없고, 보다 내용에 있어서는 더 통일교 옹호적인 논문임을 알게 될 것이다. 이는 개신교학자의 논문이 아니라 통일교학자의 논문과 별다름이 없었다.

서론의 내용도, 단지 가족에 대한 비교연구이지, 비판할 생각이 전혀 없음을 알게 될 것이다. 한국기독신문에서는 탁지일은 "독자들 스스로 판단하기를 원하고 있다"고 말해, 전혀 비판행위가 없음을 스스로 인정하고 있다. 또한 그는 몰몬교와 통일교가 어떻게 지상에 하나님의 나라를 건설하려 하는지 파악하려고 한다고 했을 정도로 그는 몰몬과 통일교의 가족을 통한 하나님 나라에 관심을 갖고 있었다.

탁지일은 원리강론을 인용하면서 통일교의 목적이 지상에 하나님의 왕국을 세우는 것이라고 분명하게 밝혔다고 주장한다. 원리강론 편에서도 전혀 원리강론에 대해서 비판하지 않았고, 원리강론의 내용을 그대로 인정했다. 원리강론은 예수의 피를 부인하고 문선명의 피를 통한 구원을 강조하는 문선명 홍보책이다.

이러한 책을 비판 없이 인용하면서 자신의 주장을 이어 나간 것이다. 그는 한 걸음 더 나아가 원리강론 편에서 문선명이 한국에서 태어나 지상왕국을 세울 참부모이고 메시야인 것을 암시하고 있다고 원리강론의 내용을 그대로 홍보하고 있다.

탁지일은 한 문장의 비판도 없이 "원리강론과 더불어 전 세계적인 참부모를 중심으로 한 행정조직 아래 통일교 신도들이 중요하고 충실히 따라야 할 것으로 여겨진다"라고 끝을 맺는다. 사실상 원리강론을 홍보하고 전개하고 있다. 더욱 아이러니칼 한 것은 원리강론에의 예수 한국 재림설을 비판하지 않고 그대로 드러내고 있다(13p).

한일장신대 총장이었던 구춘서 교수의 논문을 분석해보니 민중신학에 대한 것이었고 민중신학을 비판한 것보다 민중 신학을 공감하는 논문을 썼다. 구춘서 교수는 WCC에서 초혼제 퍼포먼스를 했던 정현경 교수가 교편을 잡았던 뉴욕 유니온 신학대학원에서 '민중기독론의 발전' 이라는 제목을 갖고 박사학위를 받은 바 있다.

02

구춘서 교수

학력	1980. 2	연세대학교 경영학과(B.A.)
	1984. 2	장로회신학대학원 교역학 석사(M.Div.)
	1986. 2	장로회신학대학교 대학원 신학석사(Th.M.)
	1987. 5	미국 프린스톤신학교 신학석사(Th.M.)
	1991. 5	미국 뉴욕 유니온신학교 철학석사(M.Phil.)
	1993. 5	미국 뉴욕 유니온신학교 신학박사(Ph.D.)

한일장신대 총장이었던 구춘서 교수의 논문을 분석해보니 민중신학에 대한 것이었고 민 중신학을 비판한 것보다 민중신학을 공감하는 논문을 썼다. 구춘서 교수는 WCC에서 초혼제 퍼포먼스를 했던 정현경 교수가 교편을 잡았던 뉴욕 유니온 신학대학원에서 '민중 기독론의 발전' 이라는 제목으로 박사학위를 받은 바 있다.

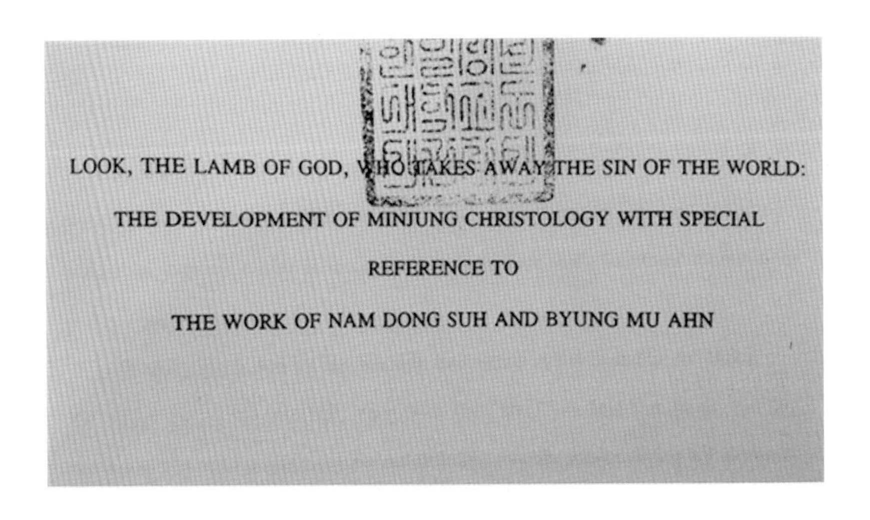
LOOK, THE LAMB OF GOD, WHO TAKES AWAY THE SIN OF THE WORLD:

THE DEVELOPMENT OF MINJUNG CHRISTOLOGY WITH SPECIAL

REFERENCE TO

THE WORK OF NAM DONG SUH AND BYUNG MU AHN

성공회대 권진관 교수는 구춘서 교수의 논문 평가에서 "예수는 언제나 가난하고 억눌린 한국 민중의 편에 설 것이라는 사실은 결코 변하지 않을 것이다"라는 구춘서 교수의 결론에 매우 동감한다고 했다. 전통 개혁적인 신학이나 예장통합 교단의 신앙고백에 입각하면 예수는 민중들이 편에 서기 위하여 오시지 않으셨다. 잘못된 주장이었고 잘못된 평가였다. 구춘서 교수는 "민중 그리스도론에 공감한다고 하면서 무엇인가 부족한 면이 있다"라고 했다. 민중 기독론은 '민중이 곧 예수' 이기 때문에 구원론적으로 공감할 사항이 아니다.

4 / 神學과 社會 第11輯

구춘서 교수는 그의 논문 마지막 페이지에서 이렇게 결론 맺고 있다. "억압받는 한국 민중에게 예수는 누구인가? 분명한 대답은 있을 수 없다. 왜냐하면 사회경제적, 문화적 상황의 변화에 따라서 그 대답이 항상 변하기 마련이다. 그러나 하느님의 육화로서의 예수는 언제나 가난하고 눌린 한국 민중의 편에 설 것이라는 사실은 결코 변하지 않을 것이다." 나는 구춘서 교수의 이러한 결론에 매우 공감한다. 그럼에도 불구하고, 우리 나라의 최근 나와있는 그리스도론적인 의미와 상징을 담고 있는 이야기, 노래, 시, 작품 등을 수집하고 해석하여 오늘의 예수는 누구인가를 구체적으로 보여 주었더라면 더 좋았을 것이라고 생각한다. 두 이야기의 합류의 결과로 나타난 이야기, 노래, 시 등을 수집하였어야 했다고 생각한다.

마지막으로 나는 민중 신학적 그리스도론의 정의를 구춘서 교수가 가장 잘 내렸다고 생각하여 인용하고자 한다. 그리스도론의 질문은 바로 이런 것이라고 한다. 즉 "종교와 정치적인 관점에서 오늘의 한국과 아시아의 가난하고 고난받는 민중에게 있어서 옛 그리스도는 무엇을 의미하는가? 다른 말로 해서, 지금 여기에서 민중의 해방과 자유를 위해 예수 그리스도는 무슨 일을 하는가?"(p. 173)라는 질문이다. 따라서 그는 이렇게 정의를 내리고 있다. "민중 그리스도론은 민중의 사건들을 성찰하고, 해석하며, 참여하는 것이다. 민중 사건들은 민중 그리스도론의 중심적 문제가 된다."(그의 학위논문 pp. 173-74) 그러나 나는 이러한 민중 그리스도론의 정의에 공감하면서도 무엇인가 부족하다는 생각이 든다. 여기에서 오늘의 예수는 누구인가? 민중의 사건 속에서 예수는 어떤 모습으로 나타나는가? 이것은 우리가 끊임없이 질문하고 대답해야 할 질문이라고 생각한다.

그러나 이러한 논문을 쓴 사람이 버젓이 이단상담소장으로서 최삼경과 연대하여 교단이나 교단 밖의 사람들을 향하여 교리사냥을 하는 데 앞장섰다.

호신대 영성신학과 최광선 교수는

탁지일과 같은 캐나다 카톨릭대학인 미카엘 대학에서 박사학위를 받았다. 그의 논문은 다분히 카톨릭적이다. 개신교대학교 교수의 논문이 광주 카톨릭대학교의 논문에 실렸다. 그것도 2015년 교황이 발표한 회칙 '찬미받으소서'를 신학적 성찰 방법론에 따라 연구하는 것이다.

03

최광선 교수

최광선 교수 (영성신학)

(미니스트리카페원장)

이메일 kschoi@htus.ac.kr

전화번호 062)650-1616

학 력

전남대학교 (B.A.)
호남신학대학교 신학대학원 (M.Div.)
토론토 대학교 리지스대학 영성신학석사(S.T.M)
토론토 대학교 세인트 마이클대학 영성신학박사 (Ph.D.)

경 력

현) 호남신학대학교 영성신학 교수

호신대 영성신학과 최광선 교수는 탁지일과 같은 캐나다 카톨릭대학인 미카엘대학에서 박사학위를 받았다. 그의 논문은 다분히 카톨릭적이다. 개신교대학교 교수의 논문이 광주 카톨릭대학교의 논문에 실렸다. 그것도 2015년 교황이 발표한 회칙 '찬미받으소서'를 신학적 성찰 방법론에 따라 연구하는 것이다. 이는 카톨릭대학에 맞는 논문이기 때문에 카톨릭저널에 실린 것이다.

인간의 행복과 지구의 건강을 위한 생태영성 탐구
찬미받으소서에 대한 신학적 성찰
Explorations of Ecological Spirituality Seeking the Well-Being of Humans and the Earth Bas
on the Encyclical Laudato Si

저자 (Authors)	최광선 Choi, Kwang Sun
출처 (Source)	신학전망 (192), 2016.03, 124-152(29 pages) Theological Perspective (192), 2016.03, 124-152(29 pages)
발행처 (Publisher)	광주가톨릭대학교 신학연구소 Gwangju Catholic University Institute for Theology
URL	http://www.dbpia.co.kr/journal/articleDetail?nodeId=NODE06647353
APA Style	최광선 (2016). 인간의 행복과 지구의 건강을 위한 생태영성 탐구. 신학전망(192), 124-152

인간의 행복과 지구의 건강을 위한 생태영성 탐구: 『찬미받으소서』에 대한 신학적 성찰

최 광 선
(호남신학대학교 영성학 교수)

목 차

국문 초록

본고의 목적은 프란치스코 교황이 2015년에 발표한 회칙 「찬미받으소서」(*Laudato Si'*)를 신학적 성찰 방법론에 따라 탐구하는 것이다. 이를 통해, 현재 직면하고 있는 생태위기라는 현실과 그리스도교 전통이 어떤 관계에 있는지를 확정하고, 도전하고, 명료화시킬 것이다. 이로써 생태시대를 살아가는 그리스도인들에게 새로운 삶의 의미와 가치를 발견하게 할 것이다.

구체적으로 본고는 삶의 경험에서 출발하여 그 경험의 깊은 의미와 그 경험 속에 함께 계시는 하느님의 현존을 찾는 신학방법인 '관상적이며 변혁적인 신학성찰 방법'을 사용하였다. 이 방법은 곧 '경험에 대한 관상, 맥락에 대한 분석, 전통과 대화, 그리고 통합된 영성'의 네 가지 단계로 진행되

* 본고는 2014년도 한국연구재단의 지원을 받아 연구(NRF 2014S1A5A8019651)되었으며, 주교회의 정의평화위원회에서 발표(2015.11.30)한 내용을 수정·보완하였음.

고 있기 때문이다. 본고는 생태회칙 『찬미받으소서』를 그의 신학적 성찰 결과로 이해하여, 이 연구 또한 '관상적이며 변혁적인 신학적 성찰방법'(contemplative and transformative theological reflection)에 따라 회칙을 탐구하였다.[6] 이 신학적 성찰이란 "삶의 경험에서 출발하여 믿음 안에서 [경험의] 깊은 의미와 그리고 그 [경험 안에서] 살아계신 하느님을 찾는 신학 방법 중 하나이다."[7] 그래서 이 연구는 현대를 사는 그리스도인들을 신학적 성찰로 초대하여, 현재 직면한 생태위기라는 경험과 그리스도교 전통이 어떤 관계에 있는지를 확정하고, 도전하고, 명료화시킬 것이다. 이로써 생태시대를 살아가는 그리스도인들에게 새로운 삶의 의미와 가치를 발견하게 할 것이다.

본고는 다음 네 단계로 구성된다. 첫째는 생태위기를 관상하여 하느님의 현존을 식별하는 단계이다. 둘째는 생태위기를 불러일으킨 맥락과 상황을 분석할 것이다. 이 과정에서 기술관료 사회의 의식을 구성하는 신화적 요소에 대한 분석과 인간중심주의를 분석할 것이다. 셋째, 회칙은 생태위기 경험과 그 위기를 불러일으킨 맥락을 이해한 후, 그리스도교 전통 안에서 창조세계를 이해하는 새로운 준거를 제시하며 대화를 하고 있다. 곧 창조세계가 거룩한 복음서 자체이며 하느님과 인간 그리고 창조세계는 긴밀한 일치를 이루고 있음을 성경, 전통, 그리고 현 상황에 응답하는 세계교회의 이야기를 통해 드러낸다. 넷째는 생태위기의 경험과 맥락에 대한 분석, 그리고 그리스도교 전통과 대화를 통해 얻게 된 새로운 가치와 의미를 통합하는 영성의 단계이다. 회칙에서 생태·정의, 생태적

6) 프란치스코 교황은 「찬미받으소서」 17항에서 "인류와 세상의 상황을 신학적으로 그리고 철학적으로 성찰하는 것은 자칫 지루하고 추상적으로 들릴 수 있습니다. 그 성찰들이 우리의 현재 상황에 대한 최신의 생생한 분석의 토대를 두지 않는다면 말입니다"라고 명시하였다. 또한 이 연구에서 활용한 '관상적이며 변혁적 신학적 성찰 모델'은 리지스칼리지(토론토대학교)의 케서린 맥알핀(Kathleen McAlpin)교수가 발전시킨 방법론으로 통합적 사목과 영성교육을 위한 방법론으로 활용되고 있다: Kathleen McAlpin, Mary Jo Leddy, *Ministry That Transforms: A Contemplative Process of Theological Reflection*, Novalis, 2009 참조.

7) 같은 책, 7.

1. 거룩한 복음서로서 창조세계

프란치스코 교황은 "자연은 분리시킬 수 없는 한 권의 책"(6항)

21) Wesley Granberg-Michaelson, ed., *Tending the Garden*, Wm. B. Eerdmans, 1987, 3을 김준우, 「기후붕괴의 현실과 전망 그리고 대책」, 한국기독교연구소, 2012, 277에서 재인용.

이라고 한 전임 교황 베네딕도 16세의 회칙과 "신성과 인성이(the divine and the human) 하느님의 창조라는 삼라만상이라는 통솔옷의 가느다란 한 올의 실에서, 그리고 우리 행성의 마지막 가장 작은 먼지에서 만난다"(9항)라고 한 바르톨로메오 정교회 총대주교의 말을 인용한다. 회칙은 제2장에서 피조물에 관한 복음이 아니라 '피조물이 복음서'임을 분명하게 밝힌다.[22] 회칙은 창조세계가 거룩한 책이라는 전통 위에서 더욱 진일보하여 창조세계를 복음서로 이해하며 이 책의 독법을 구체적으로 제시한다. 두 권의 책 전통에서 기록된 말씀인 성경을 충실히 읽는 이들에게 창조세계는 하느님의 무한한 아름다움과 선함을 드러내는 "기쁨으로 가득한 하나의 신비"(a joyful mystery, 12항)임을 분명하게 제시한다. 그러니 보나벤투라(Bonaventura) 성인은 모든 피조물 안에서 "특별히 삼위일체적인 구조"(239항)를 보지 않았겠는가?

본고를 통하여 필자는 교황 프란치스코의 가르침은 인간과 지구의 화해를 위한 초석이 될 것이라 확신하며, 다음 몇 가지 주제들은 추가 연구를 통해 심화되어야 할 것으로 생각 한다. ① 기술 산업 문명

은 수혜자일 뿐만 아니라 다른 피조물의 청지기이기도 합니다. 우리 몸 덕분에, 하느님께서는 우리 주변의 세상과 우리를 가깝게 결합시켰습니다. 그래서 우리는 마치 신체적 만성질환을 느끼듯이 땅의 사막화를, 그리고 고통스러운 신체 손상을 느끼듯이 종의 멸종을 느낄 수 있습니다. 우리 자신의 생활과 미래 세대에 영향을 미칠 죽음과 파괴의 자취를 우리가 지나간 자국에 남겨놓지 맙시다": 프란치스코, 「복음의 기쁨」, 박동호 역, 215항.

42) 베리는 현재는 인류역사뿐만 아니라 지질학적 시대인 신생대(Cenozoic era)가 끝나고 생태시대(Ecozoic era)로 전환되는 변혁의 순간이라 한다. 2000년 노벨화학상을 수상한 크루첸(P. Crutzen)은 현 시대는 신생대 끝자락 충적세(Holocene)를 지나 인류세(Anthropocene)라는 새로운 지질학적 연대가 시작되었다고 보고한다. 참조: 토마스 베리·브라이언 스윔, 「우주이야기: 태초의 찬란한 불꽃으로부터 생태대까지」, 맹영선 역, 대화문화아카데미, 2010; Will Steffen, et al., "The Anthropocene: conceptual and historical perspectives", *Philosophical Transactions of The Royal Society A*, vol.369/1938, 2011, 842-867.

43) 존 캅, 「영적인 파산」, 박만 역, 한국기독교연구소, 2014 참조.

에서 생태문명으로 전환을 위한 생태적 성서해석 ② 창조세계의 성스러움에 대한 관상을 위한 영성훈련 ③ 인간 돌봄과 생태적 돌봄을 통합한 우주적 형제에 구현을 위한 연대 ④ 하느님-인간-창조세계의 삼위일체적 연합에 대한 신학적 성찰 등.

이처럼 캐나다 카톨릭의 정체성을 띠고 있는 미카엘대학교 출신의 박사학위 논문이 장로교단의 정체성과 맞지 않는 것이 드러났다. 이미 상술했지만 탁지일 교수의 논문도 장로교단의 정체성과 맞지 않는다. 두 사람 모두 카톨릭의 정체성을 띠는 카톨릭대학교에서 학위를 받았기 때문에 통합교단의 헌법과 신조에 일치하지 않는 논문을 쓴 것이다. 월급은 통합교단에서 받고, 논문은 일반대학이나 카톨릭대학에 기고한다.

교단의 헌법을 영어로 'Book of order' 라고 한다. 질서의 책이다. 교리의 질서, 정치의 질서, 권징의 질서, 예배의 질서를 규정한 것을 말한다. 통합교단 직영신학대 교수들의 논문은 교리의 질서에 벗어난 것이다.

교황의 회칙에 대해서 쓴 논문은 장로교 헌법의 질서에 벗어난다. 장로교에 벗어난 무질서한 학문을 교수들이 하고 있는 것이다. 캐나다 카톨릭대학인 미카엘대학에서 박사학위를 받고 통합교단에서 교수생활을 하고 있는 사람은 부산장신대 탁지일 교수와 호남신학대학교 최광선 교수이다. 한 명은 문선명을 홍보했고, 다른 한 명은 천주교의 교황을 홍보했다. 교단 신학교육부는 캐나다 미카엘대학 출신자들의 논문을 조사할 필요성이 있다.

이와 같이 장신대와 호신대 교수들 중에 교단의 신학이 아니라 카톨릭 신학이 연구되거나 가르쳐지고 있다. 교단의 신학을 배제한 교수의 신학은 장로교의 영성과 신학이 아니라 천주교의 영성과 신학이었다. 칼빈의 영성과 신학이 아니라 카톨릭 수사들의 영성과 신학이었다.

물론 영성이나 신학 자체는 교파성을 초월하지만 그렇다고 해서 장로교에서 교단 신학에 토대를 두지 않고 천주교 영성과 신학이 여과 없이 가르쳐지는 것은 일단 고려해 보아야 한다.

호신대의 교육의 목표는 성서적 신학의 교수와 경건훈련이다. 교육의 이념은 대한예수교장로회 산하에서 국가발전과 세계 평화에 기여하는 것이다.

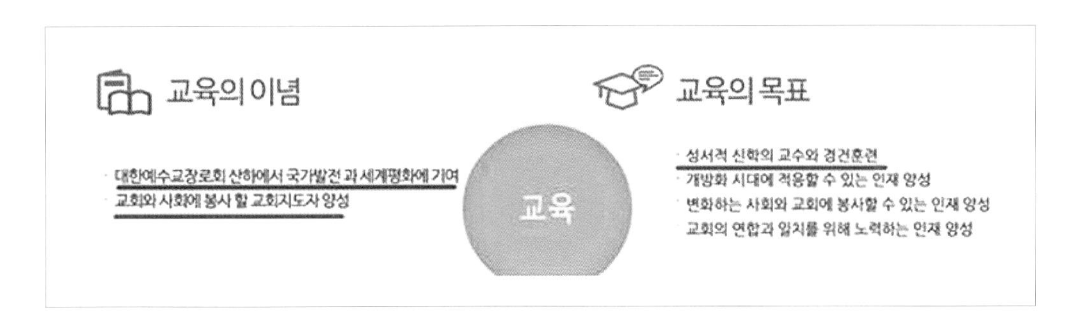

백상훈 교수는

카톨릭대학인 포담대학에서 카톨릭 영성을 전공했고, 캐나다로 건너가 낙스신학교에서 현대 실존주의 신학자 폴 틸리히의 신비주의 세례에 대해서 논문을 썼다. '폴 틸리히의 신비주의 신학과 영적인 신학함축에 대한 연구' 이다. 그의 논문의 내용은 틸리히의 신비주의적 영성이 개신교의 영성의 신학적 모델을 구축하는데 도움을 준다는 것이다.

04

백상훈 교수

백상훈 (白尙勳 Baek, Sanghoon)

연락처 063-230-5682

이메일 loveeve@hanil.ac.kr

학 력

- 1989-1996 연세대학교 신과대학 신학과 (B.A.)
- 1996-1999 장로회신학대학교 신학대학원 (M.Div.)
- 2001-2003 Fordham University (M.A.)
- 2003-2014 University of Toronto (Th.D.)

백상훈 교수는 카톨릭대학인 포담대학에서 카톨릭 영성을 전공했고, 캐나다로 건너가 낙스신학교에서 현대 실존주의 신학자 폴 틸리히의 신비주의 세례에 대해서 논문을 썼다. '폴 틸리히의 신비주의 신학과 영적인 신학함축에 대한 연구' 이다.

"BAPTIZED MYSTICISM":
AN EXPLORATION OF PAUL TILLICH'S THEOLOGY OF MYSTICISM
AND ITS SPIRITUAL THEOLOGICAL IMPLICATIONS

Sanghoon Baek
Doctor of Theology
Pastoral Department
Knox College and the University of Toronto
2014

ABSTRACT

This thesis explores Paul Tillich's theology of mysticism and its spiritual theological implications. It argues that Tillich's concept of "baptized mysticism" weaves together his thoughts on mysticism and expresses a dialectical unity of Tillich's two essential elements of religion, the mystical and the prophetic. The thesis begins in Chapter 1 with an overview of Tillich's own experiences of the mystical and his definitive expressions of mysticism, then investigates his major writings in drawing out essential features of baptized mysticism in Chapter 2. In Chapter 3, various appraisals of Tillich's theory of mysticism from different vantage points and denominational backgrounds are presented to sharpen and enhance the understanding of his thoughts on mysticism and their spiritual theological implications. Finally, in conversation with some contemporary theorists of Christian spirituality, the thesis provides a modest proposal for Tillichian spirituality and prayer in Chapter 4. Paralleling aspects of the thought of Philip Sheldrake, Tillichian spirituality concerns the life oriented towards a sense of the "eternal now" and promotes not so much an ideal of a perfected state of being, but the "belief-ful" and courageous encounter of ontological threats and radical doubt in a condition of ever-increasing awareness, freedom, relatedness, and transcendence. A Tillichian saint is the

ii

그의 논문의 내용은 틸리히의 신비주의적 영성이 개신교의 영성의 신학적 모델을 구축하는데 도움을 준다는 것이다.

폴 틸리히의 신비주의 이론에 관한 소고1
A Brief Study of Paul Tillichs Theory of Mysticism

저자 (Authors)	백상훈 Sang Hoon Baek
출처 (Source)	피어선 신학 논단 6(2), 2017.8, 31-57(27 pages) Pierson Journal of Theology 6(2), 2017.8, 31-57(27 pages)
발행처 (Publisher)	평택대학교 피어선기념성경연구원 Pyongtaek University Pierson Memorial Bible Institute
URL	http://www.dbpia.co.kr/journal/articleDetail?nodeId=NODE07233200
APA Style	백상훈 (2017). 폴 틸리히의 신비주의 이론에 관한 소고1. 피어선 신학 논단, 6(2), 31-57

이제 틸리히의 신비주의 이론의 영성학적 의의를 약술해 보자. 첫째, 틸리히의 신비주의 이론은 학문적 분과로서의 현대 영성학에 대한 개신교 내 수용의 신학적 근거를 제공한다. 1990년대 이후로 개신교 안에서 퍼지고 있는 영성에 대한 깊은 관심과는 별개로 영성, 신비주의, 그리고 관상과 같은 영성학에서 빈번하게 사용되는 용어들과 그 함의가 개신교 내에서는 여전히 논쟁적이다. 기독교 영성을 예수 그리스도 안에서의 하나님 체험과 이에 대한 표현으로써의 삶의 방식이라고 이해한다면[51] 영성의 핵심에 자리하는 하나님 체험은 신비주의 혹은 신비성을 포함하게 되는바 틸리히의 신비주의에 대한 비판적 긍정은 개신교 안에서의 영성학에 대한 수용과 발전에 있어서 충분한 기여를 할 수 있을 것이다.

둘째, 틸리히의 신비주의 이론은 개신교 영성의 신학적 모델을 구상하는 데 도움을 준다. 기독교 신비주의의 이론적 원리로써 틸리히가 제시한 세례받은 신비주의에 관한 언술 속에 등장하는 개념들, 이를테면 주체-객체의 이분법에 기

틸리히의 신비주의 이론의 배경을 제공하기 위하여 우선 그의 신비적 경험을 일별한다. 바다(발트 해), 보티첼리의 그림, 그리고 니체의 잠언을 매개로 이루어진 그의 신비적 경험은 그의 신비주의 이해의 단초를 제공한다. 다음으로 신비주의와 연관된 틸리히의 산발적 언술들에 대한 종합적 이해를 위하여 삼중적 초점을 구성한다. 첫째, 틸리히에게 신비주의는 종교적 체험의 한 범주이기도 하고 종교적 유형의 하나이기도 한데 종교적 유형으로서의 신비주의는 마성적 탈아의 덫에 빠지지 않기 위하여 윤리성과의 변증법적 통일이 필요하다. 둘째, "세례받은 신비주의"는 이를 설명하기 위한 그의 고유 용어로써 오리겐-버나드의 사랑의 신비주의에 상응하는바 신성의 체현된 실재로서의 예수 그리스도의 존재에 참여하는 것이다. 셋째, 틸리히식 신비가는 무한한 존재의 힘에 사로잡힌 채 실존적 위협과 대면하는 가운데 무한한 존재를 향한 신비적 갈망을 바탕으로 삶의 다차원적 모호성을 점증적으로 인식하며 살아간다.

그는 심지어 세월호 영성까지 주장한다. 백상훈 교수가 그림 영성으로 세월호 영성까지 승화한 것으로 나타났다.

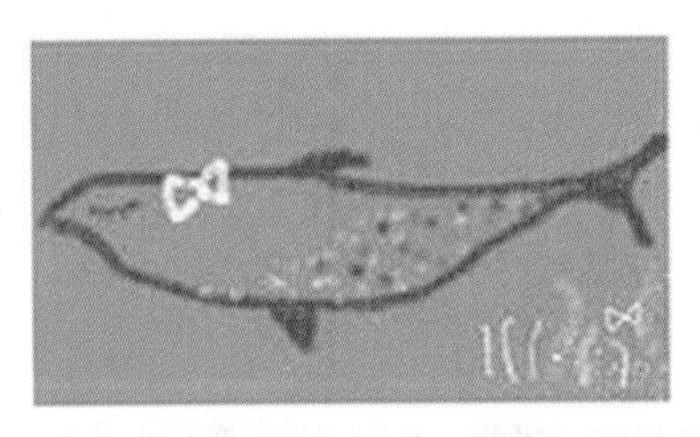

셋째, 그림 묵상은 일상생활 속 영적 실천의 실마리를 제공할 수 있다. 오른쪽 그림은 2014년 세월호의 침몰 이후 온라인에서 유통된 다양한 예술 작품들 중의 하나로 권말선의 〈고래의 꿈〉이다. 세월호의 침몰과 함께 하늘의 부름을 받은 수많은 영혼들을 형상화한 이 그림은 보는 이들의 심경에 즉각적인 위로와 평화 그리고 하릴없는 눈물을 선물한다. 이어지는 묵상은 이 사건을 둘러싼 사회-정치적인 배경에 대한 내적인 감각을 확대하고 이에 적합한 사회-정치적 실천을 촉구할 수 있다. 고래 안에서 바다를 여행하고 있는 어린 영혼들은, 평온하게 감겨있는 고래의 눈이 보여주듯, 세상의 온갖 시름을 잊은 채 자유롭다. 노란 리본은 이들의 마음을 공감하는 이들을 상징하는바 그들 역시 이들의 자유로운 여행에 동참한다. 이 그림과 짝을 이루는 권말선의 시는 이들의 마음 그리고 이에 공감하는 이들의 마음을 이렇게 읊조린다.

> 엄마. 두려움 잠시 잊고 / 가만히 눈 감은 채 / 꿈을 꾸듯 / 바다 속을 여행할래요 // (중략) 바다를 다 누비고 다녔더니 / 이제 저녁이 되었네요 / 나를 부르는 엄마 목소리 / 멀리서 들려요 / 이제 그만 집으로 돌아갈게요 // 따뜻하게 나를 안아 주세요 / 따뜻하게 나를 안아 주세요 / 사랑해요. 엄마.[47]

세월호 영성은 정치적 영성이다. 세월호가 침몰한 것은 안타까운 일이고 가슴이 미어지는 것이지만 그렇다고 해서 불신자들의 영혼구원은 기독교의 구원론과는 상관이 없다. 직영신학대학원에서 영성을 가르치는 교수들은 대부분이 교단의 신학과 신앙고백이 반영된 장로교 영성과 상관없이 대부분 카톨릭이나 현대신학자의 영성을 가르치는 것으로 나타났다.

한일장신대 정관 제1조(목적)는 "이 법인은 성경정신과 대한민국의 교육이념에 입각하여 대한예수교장로회 총회 직할하에서 장로회 신조와 헌법에 기준하여 한국교회와 사회의 교역자 및 지도자 양성을 위한 고등교육을 실시함을 목적으로 한다"이다. 틸리히 영성과 세월호 영성이 교단헌법기준에 적합한지 한일장신대 이사들은 점검해 볼 필요성이 있다.

제5장

결론

결론

이상 장로회신학대학교와 직영신학대학교 교수들의 논문을 점검하고 분석하여 보았다. 유신론적 진화론, 페미니즘, 민중신학, 동양철학, 한의 신학, 카톨릭신학과 영성, 현대 신학자의 영성 등을 외국에서 전공한 교수들이 자신의 학문적 실현을 위하여 장신대와 해당 직영신학대학원에서 가르치고 있다. 그리고 개혁신학을 가르치고 있는 교수들은 종교개혁시대의 신학에만 머물고 있다.

교단의 직영신학대학은 교단의 신앙고백 정신에 따라 교단이 요구하는 목회자들을 양성하기 위한 위탁 교육기관이다. 그러나 교수들의 신학을 보았을 때 과연 교단이 요구하는 목회자들의 경건과 학문을 바탕으로 한 목회자 양성이 가능한지 물어야 한다. 교단의 교수들은 대부분 카톨릭대학교에서 중세 수도사들의 영성을 배워, 신학교에서 실현하려고 하고 있다. 그렇다면 개신교의 영성은 없는지 되묻고 싶다.

주기철, 손양원, 한경직 목사는 누구로부터 영성을 배워 중세 수도사들 이상으로 살았는가? 못판 위로 걸어가면서까지 우상숭배하지 않은 주기철 목사의 영성, 좌익에게 두 아들을 빼앗기고도 살인자를 아들로 삼은 손양원 목사의 사랑의 원자탄 영성, 전쟁 이후 수많은 피난민들을 돌보아주고 실향민의 안식처가 되고 전국을 복지화한 한경직 목사의 영성은 수도사들보다 못한 영성인가?

주기철의 순교신학, 손양원의 포용신학, 김익두, 길선주의 영성신학, 이상근의 경건과 학문 신학은 배제하고 칼빈과 몰트만, 바르트의 보편신학에서만 진리를 찾으려는 이유는 무엇인가? 장신대는 우리의 상황을 토대로 한 특수성을 져버리고 서구의 보편화된 신학만 소개하고 특수화된 한반도의 상황을 신학화하는데 실패하였다.

이는 학자들의 직무유기이다. 중세의 신학과 수도원을 소개하고 과거의 종교개혁사상에만 머물러 과거만 즐기고 현재를 즐기지 못하는 신학은 죽은 신학이다. 신도들의 삶을 대변하지 못하고 교단의 신앙고백과 학교의 설립목적에 벗어나 학문활동을 하는 것은 교단 헌법 제1조 양심의 자유를 져버리는 것이다. 교수들은 교단의 신앙고백과 헌법과 장신대 정관 안에서 학문의 자유가 있다.

무분별하게 진화론, 페미니즘, 민중신학, 통일교 옹호신학, 동양사상, 카톨릭 영성, 카톨릭신학에 몰두하는 것은 교단 헌법이 표방하고 있는 양심의 자유를 져버리는 것이다. 교수들의 사명은 교단이 위탁한 사람들을 교단의 신조와 헌법정신에 맞게 교육하여 경건한 목사들을 만들어 내는데 목표를 두어야 한다. 그리고 신학은 과거를 잡는 것이 아니라 카르페 디엠이 되어야 한다. 현재를 잡아야 한다.

현재 한국의 시대적 상황의 특수성을 져버리고 서구의 보편신학만 소개한다면 교수들이 양심의 자유와 교단이 요구하는 직무를 져버리는 것이다. 교수들은 학생들이 산 신학의 사회로 나아갈 수 있도록 해야 하고 이사들과 총회 신학교육부는 교수들을 견제하여 그들이 산 신학을 만들어 낼 수 있도록 해야 한다.

학교이사회는 문제 된 교수들이 쓴 박사학위 한글 요약본과 최근 연구한 논문들을 요청해서 데이터베이스를 만들어야 할 것이다. 총회 감사위는 직영신학대학교 교수들의 논문까지 감사해야 한다. 그들은 이단으로 가거나 무신론, 세속화로 가기 때문이다.

이상 장로회신학대학교와 직영신학대학교 교수들의 논문을 점검하고 분석하여 보았다. 유신론적 진화론, 페미니즘, 민중신학, 동양철학, 한의 신학, 카톨릭 신학과 영성, 현대 신학자의 영성 등을 외국에서 전공한 교수들이 자신의 학문적 실현을 위하여 장신대와 해당 직영신학대학원에서 가르치고 있다. 그리고 개혁신학을 가르치고 있는 교수들은 종교개혁시대의 신학에만 머물고 있다.

교단은 교수들의 신학성이 교단의 신앙고백의 기준을 멀리 벗어나지 않도록 그들의 학문적 업적물들을 데이터베이스화할 필요가 있다. 그리고 해당 신학교 이사들은 교수채용시 그들의 논문을 한글로 번역하도록 하고, 경건과 학문을 기초로 교단 목회자들을 양성하는 데 도움이 되는 논문을 쓴 사람들을 우선 채용하도록 하고, 어설픈 서구의 관념론적인 논문을 쓰거나 교단의 신앙고백과 교리 밖의 논문을 쓴 사람들은 일반 대학교에서 가르칠 수 있도록 권고하고 채용하지 말도록 해야 할 것이다.

통일교 논문을 쓴 사람은 선문대학교로 보내고, 민중신학을 쓴 사람은 한신대로 보내고, 카톨릭 영성과 신학을 전공한 사람들은 카톨릭 신학교로 보내고, 한의 논문을 쓴 사람은 종교학과로 보내고, 페미니즘을 쓴 교수는 이화여대로 보내면 된다. 정치영성이나 정치신학을 좋아하는 교수는 성공회대로 보내면 된다. 모두 장신대가 추구하는 '경건과 학문', '오직 하나님께 영광'이라는 표어에 맞지 않는다. 장신대와 직영신학교수들의 학문의 자유는 교단의 헌법안에 있어야 한다.

이제 교단의 신학교육부와 감사위, 이사들이 나서서 교수들의 학문이 복음적인지, 개혁적인지, 교단 헌법적인지, 학교 설립목적에 맞는지를 점검해야 한다. 그리고 그들이 과거만 즐기는 '죽은 신학의 사회'에 살고 있는지, 아니면 시대 상황과 미래를 위한 창조적인 '산 신학'의 사회에 살고 있는지를 점검해야 한다. 그래야만 학생들이 '죽은 신학의 사회'에 살지 않고 '산 신학의 사회'에서 공부하지 않을까?